小鉢・小皿の人気料理

日本料理
フレンチ
ビストロ
イタリアン
スペイン料理
中国料理

旭屋出版

目　次

鶴　林　美味旬菜　6

漬け鮪アボカドディップ和え — 7
鮪サラダ — 8
すじ鮪バター炒め — 9
鮪ぬた和え — 10
鮪の皮ハリハリ煮 — 10
活蛸このわた焼き — 11
一分間ボイル蛸 — 12
活蛸唐揚げ — 13
蛸柔らか煮 — 14
蛸オクラ梅肉和え — 14
鯛松前和え — 15
鯛皮八幡巻揚げ — 16
鯛煎餅に鯛酒盗和えをのせて — 17
渡り蟹唐揚げ甘酢生姜あんかけ — 18
ずわい蟹サラダ — 19
ずわい蟹グラタン — 20
渡り蟹コロッケ — 21
白焼穴子柳川煮 — 22
煮穴子の煮氷り — 23
伝助穴子焼霜造り — 24

炙り穴子土佐酢ジュレ — 25
鱧の南蛮漬け — 26
鱧飯蒸し玉〆 — 27
鱧フライ — 27
鱧ざく酢 — 28
鱧焼霜と白ずいき三杯酢 — 29
二色さつま揚げ — 30
チーズ蒲鉾 — 30
飛龍頭椀 — 31
とり貝炙りと白ずいき磯辺巻 — 32
貝柱炙り小原木盛り — 33
貝柱生雲丹挟み揚げ — 34
鰯とうど胡麻クリーム和え — 35
鰯酒盗焼き — 36
鰯香梅煮 — 36
〆鯖卵の花和え — 37
鯖立田揚げ — 38
岩牡蠣ゼリー寄せ — 39
鱧子と新小芋玉〆 — 40
鯛の子黄味煮 — 41

サーモンポテトサラダ巻 — 42
サーモン五色野菜サラダ — 43
カンパチしゃぶしゃぶ — 44
鰤すき焼き — 45
帆立貝とろろ玉子焼 — 46
甘鯛頭酒蒸し — 47
甘鯛蕪蒸し — 48
剣烏賊明太和え — 48
車海老一杯醤油炙り — 49
鰹たたき香味野菜造り — 50
鰆みぞれ酢がけ — 51
松茸と鱧のポン酢和え — 51
鮎の幽庵焼 — 52

秋刀魚献珍焼き — 53
太刀魚と焼野菜　パルメザンチーズがけ — 54
鯛あら揚げ焼 — 55
渡り蟹酢 — 56
アボカドと占地とろろ和え — 57
長芋素麺 — 57
松茸土瓶蒸し — 58
万願寺唐辛子　チリメン山椒炒め — 59
坊っちゃん南瓜あられ揚げ — 59
牛ロース八幡巻 — 60
秋茄子牛ロースすき煮 — 61
牛ロース朴葉味噌焼 — 62

レ・サンス

63

海苔のチュイル — 69
チーズのシュー生地とスクランブルエッグ　スワン仕立て — 68
梅酒と赤紫蘇のグラニテと鴨の燻製 — 67
米粉とチーズのマドレーヌ — 66
アンチョビ入りミニクロワッサン — 65
赤ピーマンのムース　Wonton — 64

エスカルゴのキッシュ — 74
ホンビノス貝と貝出汁のジュレ — 73
いちじくの生ハム巻き　いちじくと白ワインのジュレ添え — 72
グルヌイユのカダイフ包みパセリソース — 71
ホロホロ鳥の焼き鳥 — 70

目次

フレンチバル レ・サンス　75

ブルーチーズとハチミツのマカロン —— 76
パテ・ド・カンパーニュとピクルスのピンチョス —— 77
ラタトゥイユ入り 自家製サーモンマリネ —— 78
フォアグラのサンドイッチ チョコレートガナッシュ添え —— 79
海老と帆立のタルタル —— 80
じゃがいものムースと鶏モモ肉の コンフィのキャベツ包み —— 81

冷製ビーツのパスタ —— 82
イベリコ豚のリエット クルトン添え —— 83
ムール貝のグラタン —— 84
ごぼうのポタージュ —— 85
梨とシャンパンゼリーの カクテル仕立て —— 86

イタリア料理 Taverna I 本店　87

しし唐の温かいサラダ —— 88
谷中生姜のバルサミコ酢漬け —— 89
玉子のアンチョビ風味 —— 90
なすのスカモルツァチーズ詰めフリット —— 91
玉ねぎの素揚げ ゴルゴンゾーラチーズのソース —— 92

はんぺんと桜エビのポルペット —— 93
エビの香草パン粉焼き カラブリア風 —— 94
イワシのシチリア風 —— 95
スカモルツァチーズのステーキ南イタリア風 —— 96
鴨とお米のサラダ 赤ワイン風味 —— 97

BEBES トレスベベス　98

マッシュルームと生ハムの TAIYAKI —— 99
イベリコ豚のミニハンバーガー —— 100
淡路産玉葱とウニのプリン —— 101
フォアグラとトリュフのサンド —— 102
イクラとムース —— 103
モロッコ風海老とガルバンゾの植木鉢 —— 104

セビッチェ —— 105
CAVAに溺れた牡蠣 —— 106
ソフトクラブ —— 107
ワカモレディップ —— 108
タコのガルシア —— 109

Chinese 酒場　炎　技　110

大海老のマヨネーズソース旬のフルーツ添え —— 111
ピータン豆腐　カクテル仕立て山椒ソース —— 112
フルーツトマトの桂花陳酒漬け —— 113
鰹の炙り　パクチーサラダ添え —— 114
ココナッツ風味のカボチャムースの中華風フリット —— 115

クラゲの頭の葱ソース和え —— 116
牡丹海老とホタテの老酒漬け —— 117
蝦夷鮑の香味醤油煮冷製 —— 118
白子の冷製　翡翠ソース —— 119
よだれ鶏　上海風黒酢ソース —— 120

材料と作り方 —— 121

鶴林
美味旬菜

　四季の材料の持ち味をいかした料理で
人気の割烹料理店が提供する小鉢・小皿料理。
　食材の組み合わせ、だしやタレの使い方、
　調理のバリエーション、料理の演出性…
などの変化で、魅力の料理を作り出していく。

調理／吉田靖彦　　調理協力／吉田梢

【鶴林　美味旬菜】
■住　　所　兵庫県三田市南ヶ丘1-22-10 西田ビル2階
■電　　話　079-562-1122
■営業時間　11:00～14:30　17:30～21:00
■定 休 日　水曜日

漬け鮪アボカドディップ和え

マグロと相性のよいアボカドを合わせた、濃厚な旨みが特徴の和え物。イクラをのせ、彩りと旨みをさらに加える。別添えの焼海苔に巻いて食べ、風味も楽しんでもらう。日本酒はもちろん、白ワインにも合う。アボカドディップは変色しやすいので、オリーブオイルとレモンを加えて色止めするのがポイント。

鮪サラダ

洋食のサラダではなく、酒の肴として楽しむ包みサラダ。紅芯大根、はす芋、みょうが、ラデッシュ…などの野菜を薄切りした中トロで巻いて、柚子胡椒味噌をつけて食べる。シャキシャキとした野菜の食感と、中トロの柔らかさが合わさったおいしさと柚子胡椒のピリ辛味が、酒をすすめる。

【作り方はP122】　　　　　　　　　　　　　鶴林 美味旬菜

すじ鮪バター炒め

マグロのすじが入った部位は旨みがあるが、料理としては使いにくい。それを厚めに切り、バター炒めにし、ポン酢醤油で調味して、さっぱりとした酢の料理に仕上げる。すじマグロはサッと炒めて、火を入れすぎないようにするのがおいしのさコツ。すじマグロをトロに変えれば、高級感のある一品料理に。

鮪ぬた和え

「ぬた」は、魚介と野菜を合わせた酢の物として人気の酒の肴。玉味噌と辛子と酢を合わせ、まろやかさと辛みと酸味が相まった味わいが酒をすすめる。マグロは食べやすい角切りに。わけぎも食べやすい長さに切って湯がき、マグロとともに辛子酢味噌で和える。使い残し、少し色変わりしたマグロでも、霜降りにするので魅力ある小鉢料理として提供できる。

【作り方はP122】

鮪の皮ハリハリ煮

「ハリハリ鍋」はクジラの"尾の身"や"鹿の子"と水菜を具に作る、大阪でよく食べられた鍋料理。クジラが手に入りにくくなった今では高級料理になっている。そのクジラをマグロ皮に変えて、小鉢の一品料理に仕立てた。廃棄してしまうマグロの皮を利用することで、低原価で魅力ある料理になる。

【作り方はP123】

鶴林 美味旬菜　10

活蛸このわた焼き

客席で客自身が焼きながら食べる石焼の楽しさと、焼き立ての香ばしさが特徴の酒の肴。コノワタの漬け汁に漬け込んだタコの後を引く味が人気のポイント。原価を下げるために、コノワタを酒盗に代えて漬け汁を作ってもよい。また、主材料をタコでなく、コウイカのような身の厚いイカを使ってもおいしい。

石がよく焼けたら、このわたの地に漬かった活けダコをのせ、サッと焼いてアツアツを食べる。

【作り方はP123】

一分間ボイル蛸

タコは刺身のように生(なま)で食べるのもおいしいが、茹でることで身が柔らかくなり、風味が増し、タコ本来のおいしさが味わえる。茹で時間で味わいは変わるが、熱湯に酢と濃口醤油を加えて1分間茹で、すぐに取り出すことことで、中は生っぽく、風味も豊かに仕上げる。山椒塩を添える。

1分間ボイルした活けダコは、巻すの上に上げて冷ます。

熱湯に活けダコを入れるが、1分間だけボイルして、中は生のおいしさを維持する。

ボイルの仕方は、まず鍋に湯を沸かし、熱湯に少々の酢を入れる。

活蛸唐揚げ

タコの味が決め手になる。タコの名産地・和泉大津(大阪)の活けダコを活用。冷凍ダコを使わず、新鮮な活けダコを使うのがおいしさのポイント。「活蛸このわた焼き」と同様の下ごしらえをしたタコにくず粉をつけて、揚げる。天ぷらなどの揚げ物によく合う、香り高いカレー塩をつけて食べてもらう。

蛸柔らか煮

とろけるほど柔らかく煮たタコはおいしい。そのために、まず生のタコは水洗いし、冷凍する。煮汁に炭酸を加えて煮ることで、柔らかく仕上がる。落とし蓋をするのがきれいに煮上げるコツだ。相性のよい焼き南瓜を一緒に盛る。

【作り方はP124】

蛸オクラ梅肉和え

活けダコの足と吸盤のコリコリとした歯応えのおいしさ、梅肉を混ぜ込んだ叩きおくらののど越しのよさとさわやかな味わい——夏にぴったりの和え物だ。叩きおくらは栄養価も高く、夏バテにも効果があるだけでなく、食欲も刺激。次の料理を期待させる小鉢料理に。

【作り方はP124】

鯛松前和え

"松前"の名の通り、昆布の旨みを存分に生かした刺身料理。昆布〆のおいしさを求めてそぎ切りしたタイを白板昆布に挟んだ後、白板昆布の上にのせる。さらに細く切った塩吹き昆布を上に散らすことで、旨みをアップ。その上に大葉、みょうが、長芋、胡瓜、花穂じそ、イクラを散らし、彩りをよくするとともに、料理の味に深みをつけた。

鯛皮八幡巻揚げ

一般に、刺身の下ごしらえで廃棄してしまいがちなタイの皮を一品料理に活用。皮をボイルしてポン酢で和えるのもおいしいが、ここではタイの皮でごぼうを巻いて料理性の高い揚げ物に仕上げた。ごぼうは食べやすく四つ割りにする。パリパリに揚げたタイの皮の食感とごぼうのおいしさが合わさった味わいが魅力。

鯛煎餅に鯛酒盗和えをのせて

タイ身の揚げ物にタイの酒盗和えをのせて、手軽に手づかみで味わってもらう和風カナッペ。ビールや日本酒はもちろん、ワインにもよく合う。酒盗の和え衣は、温度玉子を裏ごしして加えることで、まろやかな味わいに。

渡り蟹唐揚げ甘酢生姜あんかけ

春は卵を持っていておいしく、秋は味噌を持っておいしいワタリガニ。甲羅をはずし、足を皮まで食べられるぐらいに揚げる。生姜を加えた上品な甘みの甘酢あんが、さらに味わいを深める。枝豆や糸唐辛子をあしらい、彩りを添える。

ずわい蟹サラダ

酒の肴としても人気のポテトサラダだが、総菜のイメージにもなりやすい。そこで、カニ身を加え、ひと味違った贅沢な一品料理に。供する時に、カニ身が見えるように盛りつける演出性がほしい。

ずわい蟹グラタン

アワビの殻を器に使って、高級感を演出。さらに、焼き上がったグラタンを客席に供した時に、客前でパルメザンチーズをすりおろして料理の上にかけるパフォーマンスで魅力をアップ、お客に喜ばれる話題の一品に。

客席で、パルメザンチーズをチーズおろしですりおろして仕上げる。

渡り蟹コロッケ

ベシャメルソースにワタリガニの身を混ぜ合わせて、甲羅に詰めて揚げる。自家製トマトソースをかけて食べる大人の高級コロッケ。上品でコクのある旨みが評判に。

白焼穴子柳川煮

寒い日に喜ばれる小鍋料理。香ばしいアナゴの白焼きとささがきごぼうの風味、ふんわりとした溶き卵の柳川煮だしのおいしさが心も温めてくれる。お客の好みで、粉山椒をかける。

煮穴子の煮氷り

ふっくらと柔らかく煮たアナゴと、濃厚な旨みを持つ煮こごりを味わう。ごまの香ばしさを封じ込めた胡麻クリームにのせ、一緒に食べると、まったりとしたおいしさが広がる。小さく切って、八寸の盛合わせの一品としても使うことができる。

伝助穴子焼霜造り

体長が大きく、肉厚で脂ののりがよく、おいしいと評判の伝助アナゴを刺身料理に仕立てた。骨切りし、身がそらないよう金串を打って、皮目からバーナーで焼く。さっぱりど"ちり酢"で食べる。梅肉醤油や辛子酢味噌も合う。

炙り穴子土佐酢ジュレ

焼き霜にしたアナゴといろいろな野菜を合わせて食べる、サラダ感覚の酒の肴。割烹の料理らしく、三杯酢に追いガツオでカツオ節の風味を加味した、土佐酢ジュレをかけ、料理性を高めた。合わせる野菜は、その時に店にあるもので賄えばよい。

鱧の南蛮漬け

酢のさっぱりととしたおいしさが人気の南蛮漬け。「アジの南蛮漬」がよく知られるが、用いる魚はいろいろある。今回は小鉢料理らしく、ハモの切り身を南蛮漬けにし、高級感のある酒の肴に仕立てた。ミニトマトの甘酢漬けを彩りとして添える。最後に、上から黒胡椒を振り、味を引き締める。

鱧飯蒸し玉〆

飯蒸しは、会席料理のコース中程で小腹を満たすために出される"おしのぎ"に使うことが多いが、一品料理としても使える。ここでは、ハモの白焼きを飯蒸しにのせ、玉汁を張って贅沢感のある茶わん蒸し仕立てにした。

【作り方はP128】

鱧フライ

揚げ物だが、油っこさはない。ハモの皮目に梅肉をを塗り、大葉を貼り付けて揚げ、さっぱりとした味わいに仕上げた。揚げ衣にはぶぶあられを使い、食感にアクセントをつける。洋食のフライとは違った和のおいしさが、酒のつまみとして喜ばれる一品。

【作り方はP129】

鱧ざく酢

ウナギに代わって、ハモを使った酢の物。香ばしくタレ焼にしたハモのパリッとした食感と、シャキシャキとしたきゅうりの取り合わせがおいしい夏場の一品。さわやかな土佐酢をかける。

鱧焼霜と白ずいき三杯酢

ハモの焼き霜の上品なおいしさと淡白な味わい、白ずいきのシャキシャキとした食感が魅力。梅肉とわさびの2種の薬味を天に盛り、味にアクセントをつけると同時に、料理に彩りを添える。

二色さつま揚げ

魚の端身や残り物を活用して作る小鉢料理。白身やイワシ、アジ、サバなどの端身を合わせてすり身にし、油で揚げてさつま揚げにする。揚げたてを提供するのが一番よい。作り置きする場合も、すり身を冷凍すると硬くなっておいしくないので、揚げ置きしたさつま揚げを温めて提供するようにする。

【作り方はP130】

チーズ蒲鉾

すり身を使った自家製かまぼこ。チーズやハムなどの洋風具材を混ぜ合わせれば、ワインやウイスキーといった洋酒に合う一品になる。味はついているので、何もつけずにそのまま食べる。

【作り方はP130】

鶴林 美味旬菜 30

飛龍頭椀

「ひりょうず」のすり身には、刺身などの端身を活用する。大和芋を加えることでふわっとした食感が生まれる。中具に入れる野菜はいろいろあるが、ここではいんげん、椎茸、ささがきごぼうと中具の種類を抑え、上品な味わいの椀物に仕上げた。

とり貝炙りと白ずいき磯辺巻

酢の物と相性のよいトリ貝。炙ることで、さらに貝が本来持つ甘みと旨みが増し、三杯酢と漬け地に漬け込んだ白ずいきと相まって絶品の一品に。焼海苔で巻くことで、磯の香が高まり、風味が豊かになる。

三杯酢に漬け込んだ白ずいきは水気をきり、焼海苔で巻き、風味を高める。

殻からはずし、そうじしたトリ貝は、薄塩をふる。バーナーで両面を炙ることで、貝本来の甘みが増す。

貝柱炙り小原木盛り
<small>おはらぎ</small>

貝柱とグリーンアスパラ、人参を重ねて盛られた美しさが客の目を引き、感動を呼ぶ。貝柱と野菜の長さを切り揃えるのが調理のポイント。炙って甘みを増した貝柱と、吸い地に漬け込んだ野菜を、土佐酢と天がけした黄身酢と一緒に味わうおいしさが評判の酢の物である。

グリーンアスパラ、人参、貝柱を同じ長さに揃え、薪のように重ねて盛っていく。

貝柱生雲丹挟み揚げ

貝柱とウニの二つの甘みと旨みが味わえる、ちょっと贅沢な天ぷら。挟み揚げは中に火が入りにくいが、挟んだウニに火が入りすぎると生のおいしさを失なうので注意したい。175℃の油でからりと揚げるのがポイント。ウニと相性のよい昆布茶塩をつけて食べてもらう。

生ウニを挟んだ貝柱を細く切った焼海苔で止め、天衣を付けて175℃の油で揚げる。

スライスした貝柱に小麦粉を付け、上に生ウニをのせる。

鰯とうど胡麻クリーム和え

酢〆の魚と胡麻クリームは相性がよい。これを和え物で提供。うどは吸い地で炊いて、胡麻クリームで和えるが、酢〆のイワシは一緒に和えずに盛りつける。イワシは大きめに切って存在感を出し、一品料理としての魅力を高める。

鰯酒盗焼き

魚醤のような旨さを持つ酒盗汁に漬け込んだイワシのおいしさが、クセになる酒の肴だ。イワシはそのまま焼かず、半日以上風干しして味を深めて焼く。付け合わせには、密煮した甘いさつま芋を添え、しょっぱい酒盗焼と違ったもので、食べ味に変化をつける。

【作り方はP132】

鰯香梅煮

保存が効き、客を待たせることなくすぐに出せる。一品料理としてだけでなく、お通しでも喜ばれる当座煮の一つ。酒の肴なので、あまり甘くしない方がよい。酢を多めに入れ、生姜を効かせ、さっぱりとした味わいに仕上げる。でき上がってすぐに出してもおいしいが、少し置いておくと味が落ち着き、さらにおいしくなる。

【作り方はP132】

〆鯖卯の花和え

和え衣におからを使うことで、しっとりとしたおいしさが生まれる。おからは酢を効かせるので、日持ちもよい。今回のしっとりした和え衣の他に、炒ってカラカラにする卯の花の和え衣もある。魚はサバの他に、アジやイワシでも卯の花衣とよく合う。

サバは酢〆して皮をむいて薄切りにし、吸い地に漬けた野菜とともに卯の花で和える。

【作り方はP132】

鯖立田揚げ

サバの脂がのった秋からの時期がおいしいが、夏ならゴマサバがおすすめ。サバは30分ほど立田揚げの地に漬け込んで味を染み込ませる。175℃の油でカラッと揚げるのがおいしさのコツ。彩りに青々とした新銀杏をあしらった。

立田揚げの汁に付き込んだサバを175℃の油で、カラッと揚げるのがおいしさのポイント。

岩牡蠣ゼリー寄せ

6月～9月が旬の岩ガキ。レモンやポン酢で客に供する店が多いが、それでは面白みがない。ここでは単調な供し方にならないよう土佐酢ゼリーと黄身酢寄せをかけて提供。味に深みを増すとともに、料理の贅沢感をさらに高めた。

鱧子と新小芋玉〆

6月～9月が旬のハモ料理。そのハモの子と卵の相性はよい。ねっとりとしたおいしさの新小芋と一緒に炊いて、玉〆にした煮物のおいしさは格別だ。香り高い山椒をかけると、味が引き締まって、さらにおいしい。

鯛の子黄味煮

だしで炊いたタイの子の旨み、卵黄の衣でまとったふわふわの食感、だしを含んだホクホクの長芋——このやさしい味わいが身上の煮物料理。酒の肴としてだけでなく、懐石の中の料理としても出すことのできる一品だ。

卵黄にくぐらせたタイの子は、煮汁を沸かした鍋に入れ、1〜2分で上げ、巻すの上で冷ます。

旨煮のだしで含め煮にしたタイの子に打ち粉をし、溶いた卵黄の中にくぐらせる。

サーモンポテトサラダ巻

人気のポテトサラダを酒の肴に仕上げた。サーモンでポテトサラダを巻き、土佐酢ジュレをかけ、ハーブのディルをあしらって、お洒落な和風サラダに。クラフトビールやワイン、ハイボール、ジンなどの洋酒にも合い、女性客や若者客に喜ばれる。

塩と胡椒をあてたそぎ切りのサーモンに、ポテトサラダを置いて巻き込んでいく。

サーモン五色野菜サラダ

生野菜のサラダも、和食の酒のつまみにできる。サーモンで色とりどりの野菜をそれぞれ巻く。さらにイクラをちらし、華やかさをプラスして供する。ソースは上にかけずに、黄身酢とマヨネーズを合わせた"黄身ネーズ"を添え、ソースにつけながら食べてもらう。

カンパチしゃぶしゃぶ

昔なら魚の鍋といえば、"魚すき"が代表的なもの。しかし、いまや肉だけでなく、新鮮な魚もしゃぶしゃぶで食べるのが人気に。ただしその場合、つけダレや鍋だしに工夫をし、肉のしゃぶしゃぶと違った味わいがほしい。白身魚のしゃぶしゃぶならポン酢で食べるのがおいしいが、ブリやカンパチは合わせだしで楽しむのがよい。

合わせだしを沸かし、カンパチをサッとくぐらせ、だしとともに食べる方がおいしく味わえる。

【作り方はP135】

鶴林 美味旬菜 44

鰤すき焼き

"魚すき"は、肉のすき焼きとはまた違った、魚ならではのおいしさがある。ブリの鍋だしは、牛肉のすき焼きより薄めの味にする。火にかけると、だしとブリの脂が合わさって、上品な味が生まれてくる。好みで粉山椒をかけて食べてもらう。

帆立貝とろろ玉子焼

青森県津軽地方の郷土料理"貝焼(かや)き"をアレンジ。貝の殻を鍋代わりに使い、ホタテ貝をとろろ玉子と合わせ、火にかけながら楽しむ。寒い冬場にぴったりの酒の肴で、日本酒を客にすすめたくなる。

ホタテ貝の貝焼の炊き上がりに、おろした大和芋と玉子を混ぜ合わせた衣をかける。

甘鯛頭酒蒸し

甘鯛の頭、アラを無駄なく使って、上身では味わえない独特の旨い料理に変身させる。器に昆布を敷いてたっぷりの酒を加えて蒸し、アラの旨みを引き出すのがポイント。ポン酢につけて食べるより、吸い地とともに食べる方が本来の味が楽しめる。甘ダイをマダイに代えてもよい。

甘鯛蕪蒸し

蒸し料理の中でも人気の高い"かぶら蒸し"。甘ダイの上品な味わいが喜ばれる。今回は大根との相性がよいカラスミ(炙ったもの)を天にのせて、味にアクセントをつけ、他店と差別化を図った。

【作り方はP136】

剣烏賊明太和え

珍味の定番ともいえる小鉢料理。イカと明太子を和えた独特のおいしさがクセになる。ここでは、さらに温度玉子の卵黄を加えて和えることで、まったりとした味わいに仕上げた。

【作り方はP136】

車海老一杯醤油炙り

車エビは炙ると、甘みや旨みが増す。ここでは酒で割った煮切り醤油をサッとひと塗りして炙った。味が締まり、香ばしさと風味が増し、味わいが高まる。頭は塩焼きにして盛り合わせ、味にバリエーションを持たせた。

金串を刺した腹開きのエビの両面に、酒と濃口醤油で割った一杯醤油をサッと塗る。

一杯醤油を塗ったエビは、バーナーで両面を炙る。

鰹たたき香味野菜造り

酒と一緒に、サラダ感覚で楽しんでもらえる刺身料理。炙ったカツオと色とりどりの野菜をポン酢ドレッシングで混ぜ合わせて食べる。臭みを消したニンニクチップをちらして、後を引くおいしさに。

カツオは金串を打って、薄塩をあて、強火の直火で炙ってたたきにする。

松茸と鱧のポン酢和え

名残りのハモと旬の松茸は"出会いもの"といわれ、相性がよい。松茸、ほうれん草、ハモの霜振りを酒炒りし、松茸の風味を全体に吸わせ、スダチを絞ったポン酢だしで和える。最後に黄菊を天盛りに。秋の香り漂う小鉢料理だ。

【作り方はP137】

鮊みぞれ酢がけ

脂がのった白身のカマスは上品な味わいがある。昆布〆することで風味が増し、焼くとさらにおいしくなる。これを、きゅうりを加えたみぞれ酢と交互に盛りつけ、天にイクラと酢取り生姜をあしらい、高級感を演出する。

【作り方はP137】

魴の幽庵焼

醤油、酒、みりんを同割にした幽庵地は、脂ののったホウボウによく合う。幽庵地は焼きダレとしての使い方は広く、魚以外に鶏肉など淡白な肉類にも合う。ここでは、さらに輪切りの柚子を加え、風味を高めた。

秋刀魚献珍焼き

色々な野菜を炒って、豆腐と卵とつなぎの大和芋を混ぜ合わせて作る贅沢な味わいと、柔らかい食感が魅力のけんちん。幽庵地に漬け込んだサンマで巻いて焼き、最後に、八方あんに菊花を加えた菊花あんをかけ、豊かな色彩の料理に。

幽庵地に漬け込んだサンマでけんちんの中具を巻き、ようじで止める。

フライパンを熱し、ごま油を敷いて、野菜類をサッと炒める。

もめん豆腐と玉子、大和芋を混ぜ合わせ、フードカッターにかける。

太刀魚と焼野菜
パルメザンチーズがけ

焼野菜を中心にした海鮮サラダ感覚の酒の肴は、低原価でも魅力の料理になる。タチウオの塩焼きと、一杯醤油を塗って香ばしく焼き上げた野菜、パルメザンチーズの組み合わせで、日本酒にも洋酒にも合う和風のサラダに仕上がる。

鯛あら揚げ焼

タイのアラをから揚げし、甘だれを絡ませたもので、煮物の「鯛のあら炊き」よりおいしいと評判を掴んでいる。カラッと揚がり、手づかみで頭から食べられる豪快さも人気。山椒粉か七味唐辛子をかけると、味わいにアクセントがつく。

タイの頭とアラは揚がったら、ボールにとって甘ダレとからめる。

タイの頭とアラは打ち粉を付け、水分がなくなるまで180℃の油で5～6分揚げる。

渡り蟹酢

ワタリガニは、春はメス、秋はオスが旨いといわれている。身は繊細で、甘みがある。特に、大阪・泉佐野沖で水揚げされるワタリガニは大きく、味は濃厚でおいしいと評判が高い。蒸して身をほぐし、土佐酢ジュレをかけて酢の物として提供する。

アボカドと占地とろろ和え

秋の和え物として出す小鉢料理。コクのあるアボカド、旨みが強いしめじ、粘りのあるオクラ、大和芋、とんぶりを加減醤油で混ぜ合わせて食べる、とろとろとした味わいが酒の肴として絶品。

【作り方はP139】

長芋素麺

長芋を細く切り、そうめんに見立てさっぱりと食べる夏向きの小鉢料理。今回は美味(うま)だしをはったが、三杯酢や土佐酢で食べてもおいしい。具として上にクルマエビ、生ウニを盛り、高級感をもたせ、商品性を高めた。

【作り方はP140】

松茸土瓶蒸し

"ハモマツタケ"といわれるぐらいハモと松茸は、名残りと旬の出合いもので相性がいい。だしは吸い地より少し濃いめ程度。スダチは多く入れず、1～2滴絞って楽しむ方が、松茸の香りと本来のおいしさを味わうことができる。

坊っちゃん南瓜あられ揚げ

坊っちゃんかぼちゃは、手のひらサイズと小さいが、ホクホクして甘い。ビタミンAは普通のかぼちゃの3〜4倍といわれる。グラタンのようにそのまま器として使うことも多いが、ここでは一口大に切って小鉢の揚げもの料理にした。

【作り方はP140】

万願寺唐辛子 チリメン山椒炒め

ほのかな甘みを持つ万願寺唐辛子は7〜8月が旬。チリメンジャコとの相性がよく、山椒チリメンと一緒に炒めるとおいしい。あまり濃い味をつけず、酒と醤油で香りづけ程度に手早く炒める。酒にも、〆のご飯にも合う一品である。

【作り方はP141】

牛ロース八幡巻

ごぼうを芯に巻く八幡巻はアナゴ、ウナギなどいろいろな魚類はあるが、牛肉とごぼうの相性もとてもよい。牛肉は脂が強く、ボリューム感が出やすいので、野菜と巻くと酒の肴として向く料理になる。何切れかに切って少量を盛り、小鉢料理に。

牛ロース八幡巻は焼き上がったら、食べやすい大きさに切り、最後に切り口にもタレを塗る。

秋茄子牛ロースすき煮

なすは油との相性がよいので、揚げて油抜きする。牛肉ともよく合い、揚げたなすと一緒に甘いすき煮のだしで煮る。おろした大和芋をかけ、上に卵黄をのせて提供。卵黄を崩し、混ぜ合わせて食べると、さらにコクのある味わいに。

牛ロース朴葉味噌焼

飛騨高山地方の素朴な郷土料理をアレンジ、牛肉を加えて贅沢感を高めた。朴葉の上に山菜と野菜、牛肉をのせ、酒でのばした味噌でぐつぐつと焼きながら食べる演出性の楽しさは、会話と酒をすすめる。

レ・サンス

南フランスの三ツ星レストランで修業を積んだ
渡辺健善シェフが、南フランスの人々の
心をなごませる料理をテーマにした
アミューズ、前菜の小皿料理を。
エスプリのきいた、おしゃれでコースの始まりに
ワクワク感を高める品々。

調理・オーナーシェフ／渡辺健善

【レ・サンス】
■住　　所　神奈川県横浜市青葉区新石川2-13-16-18
■電　　話　045-903-0800
■営業時間　11：30～14：00（L.O）、18：00～21：00（L.O）
■定 休 日　月曜日
　　　　　　（月曜日が祝日の場合は営業し、翌火曜日を休業）

赤ピーマンのムース　Wonton

赤ピーマンとじゃがいものムースをワンタンの皮で包んだ温かいアミューズ。ひと口サイズで、口の中で噛んだときにムースが広がり、赤ピーマンとじゃがいもの香味と風味のハーモニーが楽しめる趣向。

アンチョビ入りミニクロワッサン

ミニミニサイズのクロワッサンをワインのコルクの上にのせて。サイズの小ささでまず楽しませ、ひと口でほおばるとアンチョビの塩味が広がる意外さで、盛り上がってもらえるアミューズ。

米粉とチーズのマドレーヌ

親しまれているマドレーヌの型で、ワインに合うアミューズに。
生地は米粉とアーモンドプードルを使うことでサクッとした
歯触りにし、また、生地にパルメザンチーズを加えることで、
やわらかい塩味と香りを添えた。

梅酒と赤紫蘇のグラニテと鴨の燻製

鴨の燻製に冷たいグラニテを合わせてアミューズに。グラニテは梅酒と赤紫蘇のグラニテ。甘酸っぱさで味覚をリセットする役割をする。グラニテが溶けてくると、鴨の燻製のソースの役割もする。溶けたグラニテを残さず味わえるよう、大きなスプーンにのせて提供する。

チーズのシュー生地とスクランブルエッグ
スワン仕立て

スワンの形がかわいいアミューズで、お店でも人気の品。シュー生地でスワンの形にし、中にはスクランブルエッグを。シュー生地にチーズを加え、塩気でお酒に合うように。スクランブルエッグは生クリームを加えてフワフワに仕上げてシュー生地との相性のいい口当たりに。

海苔のチュイル

海苔を使って焼き菓子のチュイルのような食感の品に。お酒に合うよう、ほんのりとビネガーの風味をプラスし、つまみやすいよう、立てかけて盛り付けを。

ホロホロ鳥の焼き鳥

マリネしたホロホロ鳥をカットして一品に。小皿に盛って見栄えがいいように、ローズマリーの枝を刺して盛り付け。食べる前にローズマリーの枝を抜くワンクッションがあることで、ローズマリーの香りがより立ち昇り、食欲をそそる趣向。

グルヌイユのカダイフ包み
パセリソース

グルヌイユはカエル肉のこと。淡泊な白身肉にカダイフを包んで食感のアクセントを添えるとともに、パセリのソースで香りと柔らかい酸味とクリーミーさをプラス。ひと口で食べられる料理を広がり、奥行きのある味わいに。

いちじくの生ハム巻き
いちじくと白ワインのジュレ添え

生ハムと相性のいいイチジクを一皿に。イチジクは白ワインや砂糖と炊いて風味を付け、その煮汁は冷やしてジュレに。生ハムとイチジクとイチジクのジュレで一体感のある仕上がりに。

ホンビノス貝と貝出汁のジュレ

貝殻を器にした小皿料理。貝のだしのきいたジュレを味わう、さっぱりとして旨味の詰まった品。野菜の角切りと合わせてジュレでおおい、「何が入っているんだろう?」というワクワク感とともに味わってもらう。

エスカルゴのキッシュ

ひと口サイズのキッシュをワインやシャンパンに合う味の組み立てで。エスカルゴは、上に飾るほかに中のフィリングにも使用。口の中で広がる玉ねぎのコンポートの甘み、エスカルゴの食感、アパレイユのコクの余韻が続くのが魅力の一品。

フレンチバル
レ・サンス

フランス地方料理をアラカルトで
気軽な一品として提供する
フレンチバルらしいアミューズ、小皿料理を。
フレンチらしい華やかさがありながら、
バルらしい遊び心のある出し方、食べ方の品々を。

調理・オーナーシェフ／渡辺健善

【フレンチバル　レ・サンス】
■住　　所　神奈川県横浜市青葉区美しが丘5-2-14
■電　　話　045-530-5939
■営業時間　11：30～14：00（L.O）、17：00～23：30（L.O）
■定 休 日　月曜日
　　　　　　（月曜日が祝日の場合は営業し、翌火曜日を休業）

ブルーチーズと
ハチミツのマカロン

親しまれているお菓子のマカロンの形でアミューズに。ひと口サイズにして摘まんで食べられる大きさに。味はブルーチーズ味。チーズの塩気を少し和らげるよう、ハチミツと生クリームを混ぜたブルーチーズクリームをはさんで、ワインに合う味わいにした。

パテ・ド・カンパーニュと
ピクルスのピンチョス

バルの定番メニューのパテ・ド・カンパーニュ、同じく定番メニューのピクルス(キュウリ、人参、パプリカ)を串に刺した。手で食べられる串のスタイルで、1本で前菜の盛り合わせのような多彩な味を楽しめる。

ラタトゥイユ入り
自家製サーモンマリネ

前菜の定番メニュー、サーモンのマリネと同じく定番のラタトゥイユを組み合わせて小皿料理に。ラタトゥイユは食べやすく野菜を小さく切って作り、サーモンマリネで巻いてひと口で食べられるように。上にビネグレッドソースを和えたレタスのせん切りを飾り、バジルのオイルでアクセントを添えた。

フォアグラのサンドイッチ チョコレートガナッシュ添え

食パンでフォアグラのパテをはさんだ、ミニハンバーガースタイルのオードブル。パンとフランス料理の相性の良さを気軽なスタイルでアレンジしたシェフのお得意のアミューズバージョン。ガナッシュとレーズンを飾り、甘さでフォアグラのコクをやわらげるのもポイント。

海老と帆立のタルタル

エビと相性のいいホタテをタルタルにして合わせた一品。クールドレッチュ(リトルジェムレタス)の葉の上に盛り付け、巻いて食べられるスタイルに。シャキシャキの葉の食感と、ハーブのきいたタルタルの風味が楽しめるようにしたアミューズ。

じゃがいものムースと鶏モモ肉の
コンフィのキャベツ包み

茹でたキャベツで具材を包んで、「どんな食感なのだろう?」、「どんな味付けだろう?」とワクワク感のある冷菜に。鶏モモ肉のコンフィのコリコリ感、じゃがいものムースのなめらかな食感とを合わせ、口の中での食感の広がりでも楽しめる一品。

冷製ビーツのパスタ

ビーツをパスタのように細く切って、トマトソースのパスタのような見せ方にした、遊び心のある冷菜。ビーツの歯ざわりの良さを楽しめるよう、せん切にしてから冷水にさらしてから味付けするのがポイント。

イベリコ豚のリエット クルトン添え

バルの定番メニューのリエットに添えるクルトンを工夫して、満足度と楽しさをアップさせた料理に。クルトンは、バゲットを薄切りにし、低温のオーブンでカリカリにしたもの。これを4枚、リエットにのせて提供。クルトンをスプーン代わりにし、リエットをすくいながら食べてもらう。

ムール貝のグラタン

ムール貝の貝殻を器にしてグラタンに。殻を手で持って食べる気軽なスタイルがバルらしさの演出にも。海藻をしいた上に盛り付けて、1個でも見栄えがするアミューズに。

ごぼうのポタージュ

ほんのり土臭さを感じるごぼうを使ってポタージュスープに。食事の前、お酒を楽しむ前のスターターとしての、温かくて濃厚なスープ。ごぼうは、繊維質が残ると食感の邪魔をするので、きちんと裏漉しして仕上げるのがポイント。

【作り方はP149】

梨とシャンパンゼリーの
カクテル仕立て

フルーツと野菜、そしてゼリーを組み合わせて彩りのいいカクテル仕立てに。梨とトマトはゼリー寄せにしてグラスの底に入れ、上にはせん切り野菜のサラダ。食べ始めの味わいと後の味わい、混ざったときの味わいと、いろいろ変化を楽しめるように。

イタリア料理 Taverna I 本店

イタリア各地の郷土料理をベースに、
旬の食材も活かせる小皿料理。
仕込んでおいてすぐに出せる料理や、
多めに仕込んで宴会にも使える重宝な料理、
身近な食材で作れる料理から、
ちょっと贅沢な料理まで多数。

調理／今井　寿

【イタリア料理　Taverna I 本店】
■住　　所　東京都文京区関口3-18-4
■電　　話　03-6912-0780
■営業時間　11：30～14：00
　　　　　　17：30～21：30（土・日・祝日は12：00～21：30）
■定 休 日　火曜日（祝日の時は翌日に振り替え）

しし唐の温かいサラダ

南イタリアには、日本のしし唐によく似た夏野菜・フリッジテッリがある。そこでしし唐を使って、イタリア料理風に仕上げたのがこの一皿。日本のしし唐は、焼くことで風味が出るので、網にのせて直焼きにし、玉ねぎを使ったドレッシングを合わせる。ドレッシングに使ったりんご酢のまろやかさで、青臭さが取れてワインに合う一品にできる。

谷中生姜のバルサミコ酢漬け

あまり馴染みは無いがイタリアでも生姜は用いられ、ゼンゼロと呼ばれる。これをバルサミコ酢に漬け込むと、バルサミコ酢の甘みで生姜の辛みが適度にマイルドになり、まるですしのガリ(生姜の甘酢漬け)のような味わいになる。身のやわらかな谷中生姜(葉生姜)が出回る時期にまとめて作り、小皿で出せる。3日ほど漬け込むのがポイント。

玉子のアンチョビ風味

身近な食材の卵を、手間はそれほどかけずにイタリアンテイストで楽しませる一品。卵は固茹でと、ポーチドエッグを組み合わせて口当たりに変化を出す。味付けはシンプルに塩けがいいので、アンチョビのフィレを添えてイタリアらしさを出した。お腹に溜まりやすい食材なので、ボリュームはお店のスタイルに合わせて加減するとよい。

【作り方はP150】　　　　　　　　　　　　　　　　　イタリア料理　Taverna I 本店

なすのスカモルツァチーズ詰め
フリット

なすもイタリアではよく使われる食材。これにチーズとトマトを組み合わせると、まさに南イタリアの料理になる。チーズはモッツァレラでも作れるが、ここでは燻製したスカモルツァを組み合わせて、個性を出した。オーダーごとにすぐに作れて、熱々を出すために、ここではフリットにした。冷たくても美味しいので、バットで一度に大量にオーブン焼きにし、取り分けるようにしてもよい。

玉ねぎの素揚げ
ゴルゴンゾーラチーズのソース

イタリアには、玉ねぎを岩塩で包んでオーブン焼きにした料理がある。美味しい上に原価があまりかからず、一度にたくさん作れるので、パーティー料理として便利な一品。ただし時間かかるため、岩塩で包まず素揚げにしたのがこの料理。1人分ずつ、オーダーごとに作れるのが利点だ。甘みが出ておいしく、ゴルゴンゾーラの香りがよく合いワインが進む。

【作り方はP151】　　　　　　　　　　　　　　イタリア料理　Taverna I 本店　92

はんぺんと桜エビのポルペット

ポルペットとは、肉団子のように丸く作る料理。日本の食材であるはんぺんを白身魚のムースと見立てて利用し、桜エビを組み合わせピンクに仕上げた。まるで焼とりの「つくね」のように、小さく丸めて串に刺し、1個ずつひと口で楽しめるように仕立てた。茹でてバターの風味で楽しませるのがポイント。このポルペットは、スープの浮き身としても使える。

干しエビとはんぺんを合わせた生地は、小さく丸めて茹でる。香ばしさと心地好い食感で、そのままでもワインだけでなく日本酒の酒の肴にもなる。

エビの香草パン粉焼き
カラブリア風

丸ごとの唐辛子とエビを炒める、中国料理をヒントにイタリアのテイストに仕上げた一品。唐辛子を使う料理は、南部イタリアのカラブリアが有名。そこでカラブリアをイメージした一皿にした。唐辛子は、にんにくとともにパン粉と炒め、香りと辛みをパン粉に移す。それをソテーしたエビにふりかける。パン粉は仕込んでおけるので、オーダー後はエビを炒めるだけという、少量調理でスピード提供が可能。エビは鶏肉に代えても、おいしく作れる。

イワシのシチリア風

シチリアを代表するイワシ料理・ベッカフィーコは、開いたイワシに香草パン粉やレーズンなどをのせて巻き込み、オーブン焼きにしたもの。その料理をアレンジしたものとして、シチリアのシェフから教わったのがこの料理。開いたイワシに、さらにイワシの身のみじん切りや、にんにく、レーズンなどを詰め、フライにした。トマトソースで楽しませる。

開いたイワシの身に、別のイワシの切り身とレモン、レーズンなどを合わせたものを詰める。柑橘系の香り、レーズンの甘さが、ワインとマッチする。

スカモルツァチーズのステーキ 南イタリア風

スカモルツァは、ひょうたんのような形で知られる牛乳のチーズ。燻製したものと、しないものがあり、主に南イタリアで作られている。それをカットしてステーキにするのは、南イタリアの定番料理。熱を加えるととろっと溶け、ミルキーなコクがワインとよく合う。塩けのあるドライトマトを添え、味を締める。

【作り方はP152】

イタリア料理　Taverna I 本店

鴨とお米のサラダ 赤ワイン風味

酢飯のイメージで、炊いた米にバルサミコ酢を合わせ、ローストした鴨を盛って、ぶどうを煮詰めたヴィンコットを流して、甘みを足した一品。ちょっと贅沢な印象の料理だが、小皿で小ポーションに盛ることで、手軽な価格で出せる。大量仕込みができるので、パーティー料理としても使える。鴨肉は、アナゴに代えてもおいしくできる。

スペイン料理店 3BEBES
トレスベベス

大阪・福島の人気スペインバル『BANDA』、
『Bio Bar GREENS』の姉妹店として
2015年3月にオープン。
民家を改装した店内は、三世代が楽しめ、
赤ちゃん(BEBES)連れでも
スペインバルの料理をお酒と楽しめる。

オーナーシェフ／平野恭誉

【スペイン料理店　3BEBES（トレスベベス）】
■住　所　大阪府大阪市福島区福島2-9-4
■電　話　06-7652-3664
■営業時間　平日 17:00～24:00、
　　　　　　土曜日・日曜日・祝日 15:00～24:00
■定休日　火曜日

マッシュルームと生ハムの
TAIYAKI

スペイン料理店のたい焼きは、どんな味だろう？　と期待してもらい、食べたら「甘くないけど、たい焼きの味！」というオチも。生ハムとスライスチーズの塩気で食べてもらうので、ワインにもよく合う。

イベリコ豚の
ミニハンバーガー

指でつまんで食べられるサイズで作ったハンバーガー。スペイン料理店らしく、イベリコ豚でパテを作った。味は、親しみのあるテリヤキ味。ピクルスは合わせないで、トマトとレタスを。パンは自家製。

淡路産玉葱とウニのプリン

白身魚と海老のだしで作るビスカイアソースとウニでプリン生地を。ウニと海老のコクがしっかりした風味が特徴。上にかけるのは、カラメルに醤油とシェリー酒を合わせたソース。ほんのり甘いながら、ワインによく合う仕上がりに。

フォアグラと
トリュフのサンド

スパイスを混ぜたパン(パン・デ・エピス)でフォアグラをはさんだピンチョス。サクッと焼いたパンと濃厚なフォアグラ、そして、香りが抜けるトリュフで贅沢な味わい。パートフィローに粉糖をかけて焼いたものを飾り、躍動感を出して盛り付け。

イクラとムース

シンプルな見た目に反して、複雑かつ多彩な味わいが詰まったピンチョス。容器の下には黒オリーブのペースト。白いのは、塩漬けタラで作るブランダータ。イクラを飾り、そこにはアハーダオイル。アハーダオイルはスペイン・ガルシア地方の、日本でいう醤油的な調味料。小さな量だが、お酒をグンと進ませる。

モロッコ風海老とガルバンゾの植木鉢

本当の植木鉢ではないかと見間違うほどの面白い一品。土に見立てたのは、じゃがいもで作るココア風味の生地をおろし金で砕いたもの。中には海老のガーリックソテーとガルバンゾのピューレ。生のミニアスパラを立てて提供する。

セビッチェ

スペイン料理の定番。男性客に大人気の品で、タイで作ることが多いが、ヒラメで作ることも。淡泊な白身魚をおいしくするのは、モホベルデというコリアンダー風味の爽やかなソース。

CAVAに溺れた牡蠣

カキにスパークリングワインをかけた、シンプルな一品だが、スパークリングワインは客席で注ぎ、「シュワシュワが消えないうちに召し上がってください」と、ひと言添えて注ぐ。この一言で、シンプルな生ガキのおいしさが際立つ。非常に女性にファンが多い料理。

ソフトクラブ

スペイン・バスク地方の名物に、チャングーロというタラバガニに似たカニで作るグラタンがある。このチャングーロをアレンジした。ブランダータにカニ味噌を加え、これをからめてソフトクラブのフライを食べてもらう。

ワカモレディップ

アボカドの皮を容器にし、かわいく提供。タコスチップにアボカドのディップをのせて楽しめる定番人気メニューの品。味付けは、セビッチェにも活用しているモホベルデというコリアンダー風味の爽やかソース。

タコのガルシア

木の器で提供するのが伝統的なスタイルなので、切り株の上に
盛り付けた。提供前にタコはほんのり温めてから味付けするのが、
おいしさのポイント。

Chinese酒場 炎技
エンギ

「カジュアルなのに本格派」をテーマに、
経験豊かなミシュラン店出身のシェフが腕をふるう。
中国料理の定番逸品に加え、
旬の食材を使った毎月のオススメメニューも幅広く用意。
料理に合うワインやエンギハイボールなど
お酒ラインナップも豊富な店。

オーナーシェフ／梅本大輔

【Chinese酒場　炎技(エンギ)】
- ■住　　所　大阪府大阪市福島区福島4-2-65
- ■電　　話　06-6131-9974
- ■営業時間　17:00～24:00
- ■定 休 日　日曜日

大海老のマヨネーズソース 旬のフルーツ添え

クリーミーなマヨネーズソースと、車エビの甘味とフレッシュフルーツの別の甘味の組み合わせ。写真はイチジクだが、マンゴー、イチゴなど季節のフルーツと合わせることもある。車エビは茹でてから塩水に浸け、下味を付けてから合わせるのがポイント。

ピータン豆腐 カクテル仕立て山椒ソース

ポピュラーなピータン豆腐を、冷奴のスタイルではなく見栄えよくおしゃれな一品にと考えた前菜。ピータンはパクチーや生野菜と組み合わせて、香りや食感の広がりも楽しめるように。全体にはさっぱりとした山椒のソースでまとめて豆腐との一体感を。

【作り方はP157】　Chinese 酒場　炎技　112

フルーツトマトの桂花陳酒漬け

フルーツトマトをシロップに漬けたシンプルな前菜。湯むきしたトマトの皮を羽根のように躍らせてかわいい見栄えに。シロップに桂花陳酒を加えることで、中国料理らしい風味と、トマトの甘味や酸味に奥行きを持たせた。

Chinese 酒場　炎技　　【作り方はP157】

鰹の炙り
パクチーサラダ添え

カツオが旬のときに提供する一品。中国東北地方の伝統的な野菜の冷菜「老虎菜」のソースでパクチーを和えたものをたっぷり添え、そのパクチーサラダを薬味のようにして味わってもらう。炙ったカツオは、ブリ、カンパチ、サーモンでアレンジすることもある。

ココナッツ風味のカボチャムースの中華風フリット

甘味とコクのあるカボチャのムースを揚げて、歯触りのいいココナッツパウダーをまぶした、女性に人気のある品。香港で流行した料理の技法を応用して前菜に。カボチャのムースのほか、海老や牡蠣を使ってフリットにすることもある。

クラゲの頭の葱ソース和え

キャノンボールジェリーというクラゲの頭を利用した冷菜。クラゲの冷菜は中国料理の定番の一つだが、それとは違ったコリコリ感が楽しめるのが特徴。オクラで緑を添え、ねぎとピーナッツオイルで作るソースを合わせてさっぱりした仕上がりに。

牡丹海老とホタテの老酒漬け

贅沢な組み合わせの冷菜なので、おしゃれにカクテル仕立てで。他にも旬の海鮮をいろいろ応用して老酒漬けにしている。箸休め的に姫人参も老酒に漬けて一緒に。海鮮によって漬ける時間を材料によって加減するのが、シンプルな料理ながらのポイント。

蝦夷鮑の香味醤油煮冷製

アワビの殻を器にした小皿の一品。シンプルながら、かみしめるごとにアワビの味わいがジュワーっと広がる。蝦夷アワビは滷水（ルースイ）に浸して蒸し、そのまま冷やしてしっかり味をしみこませた。この滷水を使って鶏、牛スジを煮たりいろいろ応用もする。

白子の冷製　翡翠ソース

青ねぎの香りを引き立てるためにオリーブオイルで作った翡翠ソースを合わせた品。白子の白さを引き立てるだけでなく、白子のクリーミーな味わいと翡翠ソースがよく合う。白子が旬のときに喜ばれる冷製。

よだれ鶏　上海風黒酢ソース

四川料理の人気メニューになっている冷製をアレンジ。自家製ラー油をきかせた黒酢のソースと合わせた。すっきりした甘さと辛さのバランスの良さとともに、カシューナッツを散らしてアクセントに。

材料と作り方

<凡例>

◆ 1カップ…200ml
◆ 大さじ1……15ml
◆ 小さじ1……5ml
◆ 「だし」は昆布とカツオ節で引いた一番だしを指す。
◆ 魚の「おろし身」「上身(じょうみ)」は、魚をおろして
　腹骨や小骨を取り除いたものをいう。

小皿・小鉢料理

P.10 鮪ぬた和え

■材料(一人前)
マグロ ……………… 60g
わけぎ ……………… 1本
辛子酢味噌 ………… 大さじ1
芽じそ ……………… 少々

【辛子酢味噌】
玉味噌 ……………… 200g
米酢 ………………… 130㎖
溶き辛子 …………… 大さじ1
※ 玉味噌と溶き辛子をあたり鉢に入れる。
※ 米酢を加えて、とろりとするまで混ぜ合わせる。

【玉味噌】
白味噌 ……………… 200g
卵黄 ………………… 1個
酒 …………………… 50㎖
みりん ……………… 30cc
※ 材料を鍋に入れ、弱火にかけ、木杓子で返しながら丁寧に練る。
※ 10分ほど練ってツヤが出てきたら、火からおろして裏ごしする。

■作り方
1 マグロは食べやすい大きさの角切りにする。
2 熱湯にさっと入れて上げ、冷水にとり、霜ふりする。
3 わけぎは根の部分から湯がき、ザルに上げて薄塩を当て、冷ます。
4 わけぎを4㎝長さに切り揃え、2のマグロとともに酢洗いする。
5 辛子酢味噌と和え、器に盛りつけ、芽じそを天にあしらう。

P.8 鮪サラダ

■材料(一人前)
マグロ ……………… 60g
わけぎ ……………… 1本
辛子酢味噌 ………… 大さじ1
芽じそ ……………… 少々

【柚子胡椒味噌】
辛子酢味噌(P.122「鮪ぬた和え」参照) …………… 100g
柚子胡椒 …………… 小さじ1/2

■作り方
1 マグロは薄くそぎ切りにする。
2 野菜類は薄切りにし、水に晒す。
3 器にマグロと野菜をバランスよく盛りつける。柚子胡椒味噌を添えて提供する。

P.9 すじ鮪バター炒め

■材料(一人前)
すじマグロ ………… 90g
わかめ ……………… 50g
もみじおろし ……… 少々
さらしねぎ ………… 少々
レモン ……………… 少々
ポン酢 ……………… 大さじ1 1/2
無塩バター ………… 15g
サラダ油 …………… 大さじ1/2
塩・胡椒 …………… 少々

■作り方
1 すじマグロは一口大に切って、軽く塩・胡椒を当てる。
2 フライパンにサラダ油を敷いて熱し、すじマグロをさっと炒め、最後にバターを加え、からませる。
3 器にわかめを敷いて2を盛り、もみじおろし、さらしねぎ、レモンを添え、ポン酢を加える。

P.7 漬け鮪アボカドディップ和え

■材料(一人前)
マグロ ……………… 60g
マグロの漬け汁 …… 50㎖
アボカドディップ … 40g
イクラ ……………… 少々
焼海苔 ……………… 1/3枚

【マグロの漬け汁】
濃口醤油 …………… 100㎖
酒 …………………… 100㎖
みりん ……………… 50㎖
※ 鍋に酒、みりんを入れて沸かし、アルコール分を飛ばす。
※ 濃口醤油を加え、火からおろし、冷ます。

【アボカドディップ】
アボカド …………… 1個
玉ねぎみじん切り … 大さじ1
マヨネーズ ………… 大さじ1
レモン汁 …………… 小さじ1
バージンオリーブオイル 大さじ1
塩 …………………… 少々
黒胡椒 ……………… 少々
※ 切り抜いたアボカドをフォークでつぶし、調味料を混ぜ合わせる。

■作り方
1 マグロは4㎝長さの拍子木切りにし、漬け汁に10分漬けておく。
2 マグロの汁気を取り、アボカドディップと和えて器に盛る
3 イクラを天に盛り、焼海苔を別添えにして提供する。

材料と作り方 122

材料と作り方

P.12 一分間ボイル蛸

■材料(一人前)
- 活けダコ …………………… 60g
- 米酢 ………………………… 少々
- 濃口醤油 …………………… 少々
- 新生姜甘酢漬け …………… 少々
- 山椒塩 ……………………… 少々

【新生姜甘酢漬けの甘酢】
- 米酢 ………………………… 200mℓ
- 水 …………………………… 100mℓ
- 上砂糖 ……………………… 100g
- 塩 …………………………… 10g

■作り方
1. 活けダコは水洗いし、イボを残して皮を切り取り、そぎ切りにして、食べやすいよう蛇腹に包丁を入れる。
2. 熱湯に酢と濃口醤油を少々加え、1分間ボイルし取り出す。
3. 巻スの上において冷ます。

P.11 活蛸このわた焼き

■材料(一人前)
- 活けダコ …………………… 80g
- コノワタ …………………… 30g
- 酒 …………………………… 少々

■作り方
1. 活けタコは水洗いし、イボを残して皮を切り取り、そぎ切りにして、食べやすいよう蛇腹に包丁を入れる。
2. コノワタは包丁の刃で叩き、酒を少々加え、1と混ぜ合わせ、器に盛る。
3. よく焼いた石とともに、2を客席に提供する。

P.10 鮪の皮ハリハリ煮

■材料(一人前)
- マグロの皮 ………………… 50g
- 水菜 ………………………… 2本
- 長ねぎ ……………………… 1/4本
- とろろ昆布 ………… ひとつまみ
- 一味唐辛子 ………………… 少々
- ハリハリ汁 ………………… 200mℓ

【ハリハリ汁】
- だし ………………………… 200mℓ
- 酒 …………………………… 10mℓ
- 薄口醤油 …………………… 10mℓ
- みりん ……………………… 10mℓ
- 塩 …………………………… 少々

■作り方
1. マグロの皮は直火の強火で皮目をあぶり、冷水にとってウロコを取る。4cm長さの短冊に切る。
2. 水菜は根を切って、5cm長さに切り揃える。
3. 長ねぎは縦に中心まで包丁を入れ、細く斜め切する。
4. 鍋にハリハリ汁を入れて沸かし、1、2、3の順に入れ、さっと炊く。
5. 火からおろし、器に盛りつけて天にとろろ昆布を盛る。好みで一味唐辛子をかける。

小皿・小鉢料理

P.14 蛸オクラ梅肉和え

■材料(一人前)
- 活けダコ……………………70g
- タコ吸盤……………………少々
- おくら………………………2本
- 梅肉…………………………少々
- 芽じそ………………………少々

■作り方
1. 活けダコは水洗いし、ヌメリを取り、皮をむいて、上身にする。
2. 1のタコの足に蛇腹包丁を入れ、細かく小口切りする。
3. タコの吸盤をサッとボイルする。
4. おくらはそうじして塩でみがき、サッと茹でて冷水にとる。縦半分に切ってタネを取り、包丁の刃でねばりが出るぐらい細かくたたく。
5. 4に2と梅肉を加え混ぜ合わせ、味をととのえる。器に盛り、吸盤を天盛りにし、芽じそをあしらう。

P.14 蛸柔らか煮

■材料(一人前)
- タコ柔らか煮………………70g
- 焼き南瓜……………………70g
- 溶き辛子……………………少々

【タコ柔らか煮の煮汁】
- だし…………………………600㎖
- 酒……………………………200㎖
- 濃口醤油……………………95㎖
- みりん………………………120㎖
- 上白糖………………………50㎖
- 炭酸水………………………50㎖

【焼き南瓜の煮汁】
- 濃口醤油……………………20㎖
- 酒……………………………20㎖
- みりん………………………20㎖
- 上白糖………………………小さじ1

■作り方
1. タコは水洗いして頭と足を切り離し、熱湯に入れて、すぐにあげて冷水にとり、霜降りにする。
2. 柔らか煮の煮汁を沸かし、1のタコを入れ、落とし蓋をする。40〜50分弱火で煮上げ、冷めるまでおく。
3. 南瓜は食べやすい大きさに切る。皮を剥き、面取りして12〜13分強火で蒸し、火が通ったら冷ます。
4. フライパンにサラダ油大さじ1を敷き、南瓜を上下に焼き目をつける。焼き南瓜の煮汁を少量加えてからませる。
5. 食べやすい大きさに切った2のタコの柔らか煮と焼き南瓜を器に盛りつけ、好みで溶き辛子を添える。

P.13 活蛸唐揚げ

■材料(一人前)
- 活けダコ……………………50g
- 吉野くず粉…………………少々
- カレー塩……………………少々

■作り方
1. 活けダコは水洗いし、イボを残して皮を切り取り、1cmの厚さのぶつ切りにする。
2. 1のタコを1cm幅に小口切りにし、くず粉をつけて180℃の油でカラッと揚げる。
3. 器に天紙を敷いて盛りつけ、カレー塩を添える。

材料と作り方 124

材料と作り方

P.18 渡り蟹唐揚げ 甘酢生姜あんかけ

■材料(一人前)
- ワタリガニ ……………… 2/3ハイ
- 枝豆 ……………………… 少々
- 糸唐辛子 ………………… 少々
- 打ち粉(小麦粉) ………… 少々
- 甘酢生姜あん …………… 100mℓ

【甘酢生姜あん】
- だし ……………………… 300mℓ
- 薄口醤油 ………………… 100mℓ
- みりん …………………… 100mℓ
- 米酢 ……………………… 100mℓ
- 上白糖 …………………… 25g
- 甘酢生姜 ………………… 50g
- 水溶き葛 ………………… 大さじ2

※ 鍋に調味料を混合して入れて沸かし、細切りした甘酢生姜を加え、ひと煮立ちしたら水溶き葛を引く。

■作り方
1. ワタリガニの甲羅をはずし、水洗いする。水かきが付いている後足の部分1パイ分と、半割にした上身に打ち粉を付けて、180℃の油で唐揚げにする。
2. 器にワタリガニの唐揚げを盛りつけ、甘酢生姜あんをかける。
3. 塩茹でがきした枝豆を散らし、糸唐辛子をあしらう。

P.17 鯛煎餅に鯛酒盗和えをのせて

■材料(一人前)
- タイ上身 ………………… 60g
- タイの酒盗和え衣 ……… 50g
- 打ち粉(小麦粉) ………… 適量

【酒盗汁】
- 酒盗 ……………………… 100g
- 酒 ………………………… 200mℓ

※ 鍋に酒を入れて沸かし、酒盗を加えて中火で4〜5分炊く。火からおろし、裏ごしして冷ます。

【タイの酒盗和え】
- 酒盗汁 …………………… 200mℓ
- 温度玉子卵黄 …………… 3個
- タイ上身細切り ………… 150g

※ 卵を68℃の湯で35分茹で温度玉子を作る。少し硬めの卵黄を裏ごしし、酒盗汁でのばし、タイの上身を和える。

■作り方
1. タイの上身をそぎ切りにし、打ち粉をつける。170℃の油に入れ、泡が出なくなるまでじっくり揚げる。
2. 器に1のタイ煎餅を盛る。小鉢にタイの酒盗和えを盛り、好みの量をタイ煎餅にのせて食べてもらう。

P.15 鯛松前和え

■材料(一人前)
- タイ上身 ………………… 70g
- 白板昆布 ………………… 1/2枚
- 塩吹き昆布 ……………… 少々
- 丸剥き長芋 ……………… 少々
- 丸剥ききゅうり ………… 少々
- 針大葉 …………………… 2枚
- 花穂じそ ………………… 2本
- 針みょうが ……………… 1/2本
- イクラ …………………… 少々
- スダチ …………………… 1/2個

■作り方
1. タイの上身を薄くそぎ切りにし、白板昆布に挟み2〜3時間昆布〆にした後白板昆布の上に並べる。
2. 塩吹き昆布を1の上に適量のせ、針打ちにした大葉、みょうが、丸剥き長芋、丸剥ききゅうりの順に盛り、イクラ、花穂じそをあしらい、すだちを添える。

P.16 鯛皮八幡巻揚げ

■材料(一人前)
- タイの皮 ………… 背方半身分1枚
- ごぼう …………………… 少々
- 小麦粉(打ち粉) ………… 少々
- 素塩 ……………………… 少々

■作り方
1. ごぼうは12cm長さに切って、縦に四つ割りにし、サッと湯がく。
2. 1をタイの皮で巻き、打ち粉をつける。180℃の油でカラッと揚げ、素塩をふる。
3. 2を4cm長さに切って、器に盛りつける。

小皿・小鉢料理

P.21 渡り蟹コロッケ

P.20 ずわい蟹グラタン

P.19 ずわい蟹サラダ

■材料(一人前)
ワタリガニボイル上身 …… 20g
ベシャメルソース ………… 50g
マッシュポテト …………… 20g
パン粉 ………………………… 少々
卵白 …………………………… 少々
打ち粉(小麦粉) …………… 少々
セルフィーユ ……………… 少々
トマトソース ………… 大さじ1/2

【トマトソース】
ホールトマト ……………… 1缶
トマトピューレ ………… 100㎖
バージンオリーブオイル … 20㎖
玉ねぎ(みじん切り) …… 1/4個分
塩・胡椒 …………………… 少々
上白糖 ………………… 小さじ1
ローリエ …………………… 1枚

① 鍋を熱し、バージンオリーブオイルを敷き、玉ねぎ(みじん切り)を弱火で炒め、裏ごししたホールトマト、トマトピューレを加える。
② ローリエを入れて、10分ぐらいに煮詰め、塩、胡椒、上白糖で味を整える。

■作り方
1 マッシュポテトを作る。じゃが芋を半分に割り、蒸し器に入れ、強火で20分蒸す。蒸し上がったら皮をむき、裏ごしし、塩、胡椒、上白糖で味を整える。
2 ベシャメルソースと1を混ぜ、渡りガニの上身を加えて混ぜ合わせ、半分に割ったカニの甲羅に詰める。1時間ぐらい冷蔵庫に入れ、冷やし固める。
3 打ち粉、卵白、パン粉を付け、180℃の油で揚げて皿に盛る。トマトソースをのせ、セルフィーユをあしらう。

■材料(一人前)
ズワイガニボイル上身 …… 30g
ベシャメルソース ………… 70g
パルメザンチーズ ………… 適量

【ベシャメルソース(作りやすい分量)】
牛乳 ……………………… 650㎖
小麦粉 ………………………… 50g
玉ねぎ(みじん切り) ……… 適量
マッシュルーム …………… 適量
無塩バター ………………… 50g
クリームチーズ …………… 50g
白味噌 ………………………… 20g
塩・胡椒 …………………… 少々

① 鍋に牛乳を沸かす。
② 別鍋でバターを溶かし、小麦粉を加え、4〜5分弱火で練り、①で少しずつのばす。クリーム状になったら、3〜4回に分けて牛乳を加え、クリームチーズ、白味噌を加えてなじませ、塩・胡椒で味を整える。
③ フライパンにバージンオリーブオイル大さじ2を敷き、玉ねぎ(みじん切り)、マッシュルームを炒め、軽く塩・胡椒を当て、②と混ぜ合わせる。

■作り方
1 ズワイガニの上身とベシャメルソースを混ぜ合わせて、アワビの殻に盛り、220℃のオーブンで15分焼く。
2 パルメザンチーズをチーズ卸しですりおろしながら、好みの量を上にかける。

■材料(一人前)
ズワイガニ上身 …………… 40g
ポテトサラダ ……………… 60g
レタス ……………………… 1/2枚
ラディッシュ ……………… 少々
セルフィーユ ……………… 少々

【ポテトサラダ】
じゃが芋 …………………… 大2個
人参 …………………………… 少々
スライス玉ねぎ ………… 1/4個分
きゅうり …………………… 1/3本
マヨネーズ ……………… 大さじ3
上白糖 ………………… 小さじ1
レモン汁 …………… 小さじ1/2
塩・胡椒 …………………… 少々

■作り方
1 ズワイガニのボイルの上身を取る。
2 ポテトサラダに1を混ぜ合わせ、レタスを敷いた器に盛りつけ、薄切りしたラディッシュ、セルフィーユをあしらう。

材料と作り方 126

材料と作り方

P.24 伝助穴子焼霜造り

■材料（一人前）
伝助アナゴ ……………… 100g
大根・貝割れのケン …… 適量
大葉 ……………………… 1枚
穂じそ …………………… 2本
スダチ …………………… 1/2個
ちり酢 …………………… 大さじ2

【ちり酢】
ポン酢 …………………… 200㎖
紅葉おろし(大根おろし、タカの爪) 60g
わけぎ …………………… 2本

■作り方
1 伝助アナゴを開き、背ビレを取り、水洗いする。頭を落とし、腹の部分まで骨切り包丁を入れる。
2 金串を縦に4本打ち、焼いた時に身がそらないようにさらに金串を上、下2本横串を打つ。皮目からバーナーを弱火にして、焼き霜に仕上げる。
3 2を食べやすい大きさに切って、冷水にさらし水気を拭く。
4 器に大根、貝割れのケン、大葉を敷き、3のアナゴを盛りつけ、スダチを添え、穂じそをあしらう。

P.23 煮穴子の煮氷り

■材料（一人前）
煮アナゴ ………………… 1/4尾分
かもじねぎ ……………… 少々
胡麻クリーム …………… 大さじ2

【煮穴子の汁】
だし ……………………… 600㎖
酒 ………………………… 200㎖
濃口醤油 ………………… 100㎖
みりん …………………… 100㎖
上白糖 …………………… 40g
※材料を合わせて30分炊く。

【胡麻クリーム】
当たりごま ……………… 50g
だし ……………………… 50㎖
薄口醤油 ………………… 小さじ1
上砂糖 …………………… 大さじ1/2

■作り方
1 アナゴを開いて背ビレを取り、皮目に熱湯をかけ、冷水にとる。皮目のヌメリをとって、水洗いする。
2 鍋に煮汁を入れ、1を入れる。落としブタをして、弱火で約30分炊く。
3 アナゴは鍋止めして冷ましてから、バットにアナゴを並べる。
4 煮汁は布ごしをして600㎖の煮汁を鍋に入れ、ひと煮立ちしたら火からおろし、板ゼラチン10gを加えて煮溶かし、冷ましてからアナゴにかける。
5 4を冷蔵庫に入れ、冷やし固める。
6 皿に胡麻クリームを敷き、食べやすい大きさに切ったアナゴの煮こごりを盛り、かもじねぎをあしらう。

P.22 白焼穴子柳川煮

■材料（一人前）
白焼き穴子 ……………… 60g
ささがきごぼう ………… 40g
三つ葉 …………………… 3本
卵 ………………………… 1個
粉山椒 …………………… 少々

【柳川煮だし】
だし ……………………… 150㎖
濃口醤油 ………………… 15㎖
みりん …………………… 15㎖
酒 ………………………… 15㎖

■作り方
1 小鍋に柳川煮だしをはり、湯がいたささがきごぼう、刻んだ白焼きアナゴを入れ、火にかける。
2 ひと煮立ちしたら、三つ葉を散らし、溶き卵を外側から回し入れ、沸いたらフタをして1分間蒸らす。
3 好みで粉山椒をかける。

小皿・小鉢料理

P.27 鱧飯蒸し玉〆

■材料(一人前)
- ハモ白焼き ………… 60g
- 飯蒸し ……………… 70g
- 玉汁 ………………… 120㎖
- 有馬山椒 …………… 少々
- 三つ葉 ……………… 少々

【飯蒸し】
- もち米 ……………… 2カップ
- 酒 …………………… 100㎖
- 塩 …………………… 小さじ1/2

【玉汁】
- だし ………………… 200㎖
- 卵 …………………… 1個
- 塩 …………………… 少々
- 薄口醤油 …………… 少々

■作り方
1. 飯蒸しを作る。もち米は洗って半日、水に漬けておく。さらしを敷いた平ザルにもち米を広げ、強火の蒸し器で20分蒸す。ボールに移し、塩と酒を混ぜ合わせ、もう一度10〜15分蒸し上げる。
2. 飯蒸しを丸くにぎり、器に入れてハモの白焼きをのせる。
3. 玉汁を張り、蒸し器に入れて中火で7〜8分蒸して、有馬山椒をあしらい、三つ葉を添える。

P.26 鱧の南蛮漬け

■材料(一人前)
- ハモ上身 …………… 60g
- 甘酢漬けミニトマト … 1個
- セルフィーユ ……… 少々
- 黒胡椒 ……………… 少々

【南蛮酢】
- だし ………………… 500㎖
- 米酢 ………………… 100㎖
- 薄口醤油 …………… 70㎖
- 塩 …………………… 少々
- みりん ……………… 100㎖
- 上白糖 ……………… 大さじ1/2
- レモン汁 …………… 大さじ1
- タカの爪 …………… 1本

■作り方
1. ハモの上身は骨切り包丁を入れ、2センチ幅に切る。打ち粉を付け、180℃の油で揚げて、作りたての南蛮酢に漬け込む。
2. ミニトマトは湯むきし、甘酢に20〜30分漬けて、上げておく。
3. 器に1、2を盛り、黒胡椒を振り、セルフィーユをあしらう。

P.25 炙り穴子 土佐酢ジュレ

■材料(一人前)
- あぶりアナゴ ……… 70g
- 新蓮根甘酢漬け …… 2枚
- 酢取り茗荷 ………… 1本
- ミニおくら ………… 3本
- ミニトマト ………… 2個
- 蛇腹きゅうり ……… 1/2本
- ゆず ………………… 少々
- 土佐酢ジュレ ……… 適量

【土佐酢】
- だし ………………… 300㎖
- 米酢 ………………… 300㎖
- 薄口醤油 …………… 100㎖
- みりん ……………… 100㎖
- 追いガツオ ………… ひとつまみ

【土佐酢ジュレ】
- 土佐酢 ……………… 200㎖
- 板ゼラチン ………… 4枚

※ 土佐酢を火にかけ、ひと煮立ちしたら、水で戻した板ゼラチンを加えて混ぜる。ゼラチンが溶けたら、氷水に当てて冷やす。

【酢取り茗荷と新蓮根の甘酢】
- 米酢 ………………… 200㎖
- 水 …………………… 200㎖
- 上白糖 ……………… 100g
- 塩 …………………… 10g

■作り方
1. アナゴを開き、背ビレを取り、水洗いする。頭を落とし、腹の部分まで骨切り包丁を入れる。
2. 新蓮根の皮をむき、3ミリ厚さの輪切りにして、さっと熱湯にくぐらせ、ザルに上げ、冷ましてから甘酢に漬ける。
3. ミニおくらは掃除して、塩でみがき、湯がいて冷水にとる。きゅうりは塩みがきし、蛇腹に打って、たて塩に漬ける。
4. 1から3の材料を食べやすい大きさに切って、バランスよく皿に盛りつける。土佐酢ジュレをかけ、振りゆずをする。

材料と作り方 　128

材料と作り方

P.29 鱧焼霜と白ずいき三杯酢

P.28 鱧ざく酢

P.27 鱧フライ

■材料(一人前)
- ハモ焼霜 ……………… 40g
- 白ずいき ……………… 適量
- わさび ………………… 少々
- 梅肉 …………………… 少々

【三杯酢】
- 米酢 …………………… 100㎖
- だし …………………… 100㎖
- 薄口醤油 ……………… 100㎖
- みりん ………………… 100㎖

※ 鍋に材料を入れ、ひと煮立ちさせ、冷ます。

■作り方
1 ハモの上身に金串を打って焼霜にし、ひと口大に切り落とす。
2 白ずいきの皮をむき、細く縦に切りそろえ、酢水に漬ける。湯を沸かし、酢少々、タカの爪1～2本を入れて湯がき、水にとって晒す。
3 2の水分をきってそろえ、一度吸地(P.130「飛龍頭椀」参照)でサッと火を通し、丘上げして冷ましてから、もう一度吸地に漬け込む。水分をきって、三杯酢にサッと漬け、4㎝長さに切りそろえる。
4 3の白ずいきの上に、三杯酢で洗ったハモの焼霜をのせて、器に盛りつけ、摺りたてのワサビと梅肉を天に盛る。

■材料(一人前)
- ハモのタレ焼 ………… 60g
- きゅうり ……………… 1/4本
- 酢取り茗荷 …………… 1/2本
- 針生姜 ………………… 少々
- 切りごま ……………… 少々
- 土佐酢 ………………… 大さじ1

【魚ダレ】
- 濃口醤油 ……………… 180㎖
- たまり醤油 …………… 180㎖
- 酒 ……………………… 180㎖
- みりん ………………… 180㎖
- 氷砂糖 ………………… 100g

※ 鍋に調味料を合わせ、弱火で炊き、2割詰める。

■作り方
1 ハモの上身に骨切り包丁を入れる。金串を打ち、天火で皮目より焼き、魚ダレを3回かけて焼き上げ、小口切りにする。
2 きゅうりは小口切りにして、たて塩に漬け、しんなりさせる。
3 茗荷はサッと湯を通し、甘酢に漬けて色を出し、薄く切る
4 器に打ちきゅうりを盛り、切りごまをかける。1と3を盛り、針生姜を天盛りにあしらい、土佐酢を注ぐ。

■材料(一人前)
- ハモ上身 ……………… 80g
- 大葉 …………………… 2枚
- 梅肉 …………………… 小さじ1/2
- ぶぶあられ粉 ………… 適量
- 小麦粉 ………………… 少々
- 卵白 …………………… 少々
- レモン ………………… 少々

■作り方
1 ハモの上身は骨切りし、皮目に梅肉を塗り、大葉を貼りつけ、打ち粉、卵白、ぶぶあられ粉をつける。
2 180℃の油で、カラッと揚げる。
3 食べやすい大きさに切って、天紙を敷いた器に盛りつけ、レモンを添える。

小皿・小鉢料理

P.31 飛龍頭椀

■材料(一人前)
- ひりょうず ……………… 80g
- 冬瓜 ……………………… 少々
- ズッキーニ ……………… 少々
- ゆず ……………………… 少々

【ひりょうず】
- すり身 ……………………200g
- もめん豆腐 ……………… 1/2丁
- 卵白 ……………………… 1/2個
- 大和芋 …………………… 40g
- ささがきごぼう ………… 30g
- いんげん(三度豆) ……… 30g
- 椎茸 ……………………… 3枚

【吸い地】
- だし ……………………… 1000mℓ
- 薄口醤油 ………………… 小さじ1/3
- 酒 ………………………… 大さじ1
- 塩 ………………………… 小さじ2/3

■作り方
1. すり身はすり鉢に入れて摺り、卵白と大和芋を加えて、さらによく摺る。
2. ささがきごぼう、いんげんは5mm幅に切り、椎茸も小さくさいの目に切り、茹でてから吸い地でさっと炊く。火からおろし、煮汁をきっておく。
3. 1, 2を混ぜ合わせ、170℃の油でじっくり揚げる。
4. 冬瓜は薄くへぎ、ズッキーニは芯を抜いて薄切りにし、さっと湯がき、冷水にとって冷ます。水分をきって、吸い地に漬ける。
5. お椀に温めたひりょうずを盛り、冬瓜とズッキーニを添える。吸い地をはり、ゆずをあしらう。

P.30 チーズ蒲鉾

■材料(一人前)
- すり身 …………………… 200g
- 卵白 ……………………… 1/2個
- 大和芋 …………………… 30g
- プロセスチーズ ………… 50g
- 枝豆(むき) ……………… 30g
- 玉ねぎ(みじん切り) …… 1/2個
- マッシュルーム ………… 5個

※ チーズ蒲鉾は1人前は80g使用。

■作り方
1. みじん切りの玉ねぎと刻んだマッシュルームは、フライパンを熱し、油を少なめに敷き、炒める。
2. すり身はすり鉢に入れて摺る。卵白と大和芋を加えてよく摺り、1とチーズ、むき枝豆(茹でて薄皮をむいたもの)を加え流し缶に入れて180℃のオーブンで20分焼き上げる。
3. 冷ましてから、食べやすい大きさに切って、器に盛りつける。

P.30 二色さつま揚げ

■材料(一人前)
- すり身 …………………… 50g
- 大葉 ……………………… 1枚
- 焼海苔 …………………… 少々
- 卵白 ……………………… 少々
- 大和芋 …………………… 少々
- 大根おろし ……………… 少々
- 一味唐辛子 ……………… 少々

■作り方
1. すり鉢にすり身を入れて摺り、なめらかになったら卵白、大和芋を加える。さらによく摺り、手に取って細長く成型する。
2. 成型してすり身に大葉、焼海苔を巻き、175℃の油で揚げる。
3. 皿に2のさつま揚げを盛り、大根おろしを添え、お好みで一味唐辛子をかける。
4. 醤油をつけて食べる。

材料と作り方 130

材料と作り方

P.34 貝柱生雲丹挟み揚げ

■材料(一人前)
- 貝柱 ……………………… 2/3個
- 生ウニ …………………… 20g
- 焼海苔 …………………… 少々
- 昆布茶塩 ………………… 少々

【天衣】
- 水 ………………………… 200㎖
- 小麦粉 …………………… 90g
- 卵黄 ……………………… 1/3個

【昆布茶塩】
- 昆布茶1：塩1

■作り方
1. 貝柱に小麦粉をつけ、生ウニを挟み、焼海苔を巻いて止める。天衣をつけ、175℃の油でからりと揚げ、二等分に切る。
2. 器に天紙を敷き、1を盛り、昆布茶塩を添える。

P.35 鰯とうど胡麻クリーム和え

■材料(一人前)
- 大羽イワシ ……………… 1尾
- うど ……………………… 40g
- 酢取り茗荷 ……………… 1/4本
- 胡麻クリーム(P.127「煮穴子の煮氷り」参照) ……… 大さじ2

■作り方
1. イワシは水洗いして三枚におろし、小骨を抜き、少し強めの塩を10分間当てる。水気を拭き、米酢に砂糖を少々入れた酢で洗い、30分ぐらい置いておく。
2. うどは皮をむき、乱切りにし、酢水に漬けた後、湯がき、冷水にとる。水気を切り、吸い地でさっと炊く。
3. 2のうどを胡麻クリームで和え、器に盛る。次に、1のイワシを食べやすい大きさにきて盛り、酢取り茗荷をあしらう。

P.33 貝柱炙り小原木盛り

■材料(一人前)
- 貝柱 ……………………… 1/3個
- グリーンアスパラ ……… 1本
- 人参 ……………………… 20g
- 黄身酢 …………………… 大さじ1/2
- 土佐酢 …………………… 大さじ1
- クコの実 ………………… 1個

■作り方
1. 貝柱1個を三等分にへぎ、薄塩を当て両面をバーナーで炙り、拍子木切りにする。
2. グリーンアスパラと人参も貝柱と同じ長さに揃えて、それぞれ湯がき、吸い地に漬け込む。
3. 器に1、2を盛りつけ、黄身酢を天がけにし、土佐酢に漬け込んだクコの実をあしらい、土佐酢を敷く。

P.32 とり貝炙りと白ずいき磯辺巻

■材料(一人前)
- トリ貝 …………………… 1枚
- 白ずいき ………………… 50g
- 焼海苔 …………………… 少々
- 穂じそ …………………… 2本
- スダチ …………………… 1/2個
- わさび …………………… 少々
- 三杯酢 …………………… 大さじ1

■作り方
1. トリ貝は殻からはずし、そうじしてさっと水洗いする。薄く塩を振り、バーナーで両面を炙り、タテ二等分に切る。
2. 白ずいきは皮をむき、タテ半分に細く切って酢水に漬ける。湯に酢少々とタカの爪2本を入れて湯がき、水にとって晒す。5、6本束て吸い地でさっと煮て、ザルにあげて冷ました後、別の吸い地に漬け込む。
3. 2の白ずいきを5㎝長さに切りそろえ、おろした生わさびを加えた三杯酢に浸し、水分をきって焼海苔で巻く。
4. 器に、二等分に切った白ずいき、トリ貝を盛り、穂じそ、スダチを添え、わさびを加えた三杯酢を敷く。

小皿・小鉢料理

P.37 〆鯖卵の花和え

■材料(一人前)
　〆サバ ……………………… 60g
　卵の花和え衣 ……………… 40g
　椎茸 ………………………… 1/2枚
　人参 ………………………… 20g
　三つ葉 ……………………… 3本
　イクラ ……………………… 少々

【卵の花和え衣】
　おから ……………………… 200g
　卵黄 ………………………… 2個
　土佐酢 ……………………… 60ml
　上白糖 ……………………… 大さじ2
※ ボールに材料を入れ、しっとりするまで湯煎にかける。

■作り方
1 サバは水洗いして三枚におろし、腹骨、中骨を抜いて強塩を2時間当てる。水洗いし、水気をきって、米酢に上砂糖少々を合わせた酢に1時間漬ける。その後、ザルに上げ、半日冷蔵庫に入れて寝かせ、皮を剥き、薄く切る。
2 人参は細切りに、椎茸は小口切りに、三つ葉のじくは10cm長さに切りそろえ、それぞれ湯がく。次に水気をきって吸い地漬けておく。
3 2の水気をきって1のサバと卵の花和え衣で和え、器に盛り、イクラを天盛りにあしらう。

P.36 鰯香梅煮

■材料(一人前)
　中羽イワシ ………………… 3尾
　木の芽 ……………………… 2枚

【香梅煮汁】
　だし ………………………… 400㎖
　酒 …………………………… 400㎖
　濃口醤油 …………………… 40㎖
　みりん ……………………… 40㎖
　上白糖 ……………………… 大さじ2
　梅干し ……………………… 1個
　米酢 ………………………… 30㎖

■作り方
1 イワシは水洗いし、頭と尾を取って80℃の湯に入れ、霜ふりする。水にとり、水気をきる。
2 鍋に香梅煮汁の調味料を合わせて煮立て、1のイワシを入れ、紙蓋をしてごく弱火で2時間炊く。
3 器に2のイワシを盛り、木の芽をあしらう。

P.36 鰯酒盗焼き

■材料(一人前)
　大羽イワシ ………………… 1尾
　丸十(さつま芋)レモン煮 …… 1枚
　黒ごま ……………………… 少々

【酒盗汁】
　酒盗 ………………………… 100g
　酒 …………………………… 1カップ
※ 鍋に酒を入れて沸かし、煮切る。そこに酒盗を加えて4～5分炊いて漉す。

【丸十(さつま芋)レモン煮】
　さつま芋 …………………… 300g
　水 …………………………… 400㎖
　グラニュー糖 ……………… 250g
　レモン汁 …………………… 大さじ2
　クチナシの実 ……………… 3個

■作り方
1 イワシは水洗いして三枚におろし、小骨を抜いて酒盗汁に5～6分漬けた後、黒ごまをあて、半日ほど風干しにする。
2 さつま芋は5mm厚さの輪切りにし、面取りしてミョウバン水に漬け、アク止めしてから水に晒す。
3 鍋に割ったクチナシの実をガーゼに包み、さつま芋を入れて、弱火で竹串が通るぐらい湯がき、水に晒す。
4 3をレモン煮の蜜で10分間弱火で炊き、冷ましてからレモン汁を加える。
5 1のイワシを天火で焼いて、皿に盛り、丸十レモン煮を添える。

材料と作り方　132

材料と作り方

P.40 鱧子と新小芋玉〆

■材料（一人前）
- ハモ子 ……………… 60g
- 新小芋 ……………… 60g
- じく三つ葉 ………… 2本
- 卵 …………………… 1/2個
- 粉山椒 ……………… 少々

【鱧子煮】
- ハモ子 ……………… 300g
- だし ………………… 300㎖
- 酒 …………………… 100㎖
- 薄口醤油 …………… 40㎖
- みりん ……………… 50㎖
- 上白糖 ……………… 25g
- 塩 …………………… 小さじ2/3
- 生姜汁 ……………… 小さじ2

■作り方
1. ハモ子をそうじして、霜をふり、ザルに上げて水気をきる。
2. 新小芋は皮をむいてミョウバン水に漬けた後、湯がき、水に晒し、二等分に切る。
3. 三つ葉のじくは、1㎝長さに揃える。
4. 鍋に鱧子煮の調味料を合わせて沸かし、1、2を入れて7～8分炊く。生姜汁を加え、溶き卵を回し入れ、最後に3を入れて1～2分蓋をして蒸らす。
5. 4を器に盛り、粉山椒をふりかける。

P.39 岩牡蠣ゼリー寄せ

■材料（一人前）
- 岩ガキ ……………… 1個
- 甘酢漬けトマト …… 1個
- 寄せ黄身酢 ………… 少々
- 花穂じそ …………… 1本分
- 土佐酢ゼリー ……… 大さじ2

【土佐酢ゼリー】
- 土佐酢 ……………… 200㎖
- 板ゼラチン ………… 4g

【寄せ黄身酢】
- 黄身酢 ……………… 200㎖
- 板ゼラチン ………… 7g
- ※ 黄身酢をボールに入れて沸かし、戻したゼラチンを加え、火から下す。バットに3㎜厚さに流し、冷やし固めて小角に切る。

【甘酢漬けトマトの汁】
- 米酢 ………………… 200㎖
- 水 …………………… 300㎖
- 上白糖 ……………… 100g
- 塩 …………………… 10g
- ・塩、砂糖が溶けるぐらいサッと火にかける。

■作り方
1. 岩ガキは殻からはずし、塩水でサッと洗い、水気を拭きとる。3等分に切り、殻に戻し、固まりかけた土佐酢ゼリーをかけ、冷蔵庫に入れて、冷やし固める。
2. 1の上に寄せ黄身酢、花穂じそをちらし、約1時間漬けた甘酢漬けトマトを添える。

P.38 鯖立田揚げ

■材料（一人前）
- サバ ………………… 100g
- 新ギンナン ………… 2個
- 片栗粉 ……………… 少々

【立田揚げの汁】
- 濃口醤油 …………… 100㎖
- みりん ……………… 100㎖
- 酒 …………………… 100㎖
- だし ………………… 100㎖
- 生姜汁 ……………… 小さじ2
- 輪切りゆず ………… 1個
- ※ 鍋にみりんを入れ、煮切ってから、だし、濃口醤油を加え煮と煮立ちさせ、冷ます。生姜汁を加え、ゆずを入れる。

■作り方
1. サバは水洗いして三枚におろし、腹骨、中骨を抜き、1㎝厚さのそぎ切りにして、立田揚げの汁に30分漬け込む。
2. 1の水気を拭き、片栗粉をつけ、175℃の油でカラッと揚げる。
3. ギンナンは160℃の油で揚げ、塩をあてる。
4. 器に立田揚げを盛りつけ、松葉に刺したギンナンをあしらう。

小皿・小鉢料理

P.43 サーモン五色野菜サラダ

■材料(一人前)
- きゅうり …………………… 1/4本
- 人参 ………………………… 20g
- セロリ ……………………… 1/4本
- 紅芯大根 …………………… 20g
- スプラウト ………………… 1/4パック
- 生サーモン ………………… 80g
- イクラ ……………………… 10g
- ラディッシュ ……………… 1/2個
- セルフィーユ ……………… 少々

【黄身ネーズ】
- 黄身酢 ……………………… 大さじ1
- マヨネーズ ………………… 大さじ1/2

■作り方
1. サーモンは薄くそぎ切りにする。
2. きゅうり、人参、セロリ、紅芯大根は針打ちして、水に晒す。
3. 1で2のそれぞれの野菜を巻く。
4. 器にかき氷を敷いて熊笹をのせ、3を盛る。
5. イクラをちらし、蛇の目れディッシュをあしらう。

P.42 サーモンポテトサラダ巻

■材料(一人前)
- 生サーモン ………………… 60g
- ポテトサラダ ……………… 80g
- ディル ……………………… 少々
- 土佐酢ジュレ(P.128「炙り穴子土佐酢ジュレ」参照) …… 大さじ1

【ポテトサラダ】
- ジャガイモ ………………… 400g
- きゅうり …………………… 1/2本
- 玉ねぎ ……………………… 1/4個
- 人参 ………………………… 30g
- マヨネーズ ………………… 大さじ2
- 練り辛子 …………………… 少々
- 上白糖 ……………………… 小さじ1
- レモン汁 …………………… 小さじ2
- 塩 …………………………… 少々
- 胡椒 ………………………… 少々

■作り方
1. サーモンはそぎ切りにして薄塩をあて、10分間置く。水気を拭き、胡椒を振る。
2. 1を並べ、ポテトサラダをのせて巻き込み、器に盛る。土佐酢ジュレをかけ、ディルをあしらう。

P.41 鯛の子黄味煮

■材料(一人前)
- タイの子 …………………… 70g
- 長芋 ………………………… 60g
- 針打ち絹さや ……………… 4枚
- 木の芽 ……………………… 1枚

【鯛の子旨煮の汁】
- タイの子 …………………… 200g
- だし ………………………… 300㎖
- 酒 …………………………… 100㎖
- 薄口醤油 …………………… 40㎖
- みりん ……………………… 50㎖
- 上白糖 ……………………… 25g
- 塩 …………………………… 小さじ2/3
- へぎ生姜 …………………… 10g

【長芋八方煮の汁】
- だし ………………………… 1000㎖
- 薄口醤油 …………………… 40㎖
- 塩 …………………………… 小さじ1
- 酒 …………………………… 50㎖
- みりん ……………………… 80㎖
- 上白糖 ……………………… 大さじ1/2

■作り方
1. タイの子はひと口大に切って湯がき、水に落とし、ザルに上げる。
2. 鍋に鯛の子旨煮のだしを沸かし、1を入れてへぎ生姜を加え、15〜20分含め煮にする。
3. 2の煮汁を漉して鍋に入れ、酒を少々加える。タイの子に打ち粉(小麦粉)をし、卵黄をくぐらせ、鍋の煮汁が沸いたら入れる。1〜2分たったら巻すの上に上げて冷まし、再び鯛の子の旨煮の汁に漬ける。
4. 長芋は皮をむき、縦半分に切ってミョウバン水に漬ける。次に湯を沸かし、竹串が通るまで湯がき、水に晒してから八方だしで含め煮にする。
5. 絹さやは針打ちし、さっと茹で、冷水にとる。水気をきり、吸い地に漬ける。
6. 器に4の長芋、3の鯛の子黄身煮を盛り、5の針打ち絹さやを添え、木の芽をあしらう。

材料と作り方 134

材料と作り方

P.47 甘鯛頭酒蒸し

■材料（一人前）
- 甘ダイの頭、カマ ………… 片身分
- 絹豆腐 ……………………… 1/8丁
- 菊菜 ………………………… 1/8束
- 椎茸 ………………………… 1枚
- 昆布 ……………… 10cm角1枚
- 酒 …………………………… 100㎖
- ゆず ………………………… 1/4個
- ポン酢 ……………………… 30㎖
- 吸い地 ……………………… 120㎖

■作り方
1. 甘ダイの頭、カマを片身分きれいにそうじする。
2. 大鉢に昆布を敷き、1を置いて酒100㎖をかけ、ふり塩をして7〜8分強火で蒸す。
3. 絹豆腐、椎茸を加えて3〜4分蒸し、菊菜を最後に加え、さらに1分間蒸す。
4. 沸かした吸い地を張って、ゆずの輪切りをあしらう。好みでポン酢を添える。

P.45 鰤すき焼き

■材料（一人前）
- ブリ上身 ………………… 100g
- 玉ねぎ …………………… 1/6個
- 九条ねぎ ………………… 1本
- 焼豆腐 …………………… 1/8丁
- 笹がきごぼう …………… 20g
- 粉山椒 …………………… 少々

【ブリすきだし】
- だし ……………………… 180㎖
- 濃口醤油 ………………… 30㎖
- みりん …………………… 30㎖
- 上白糖 …………………… 大さじ1/2

■作り方
1. ブリは厚めにそぎ切りにする。
2. 玉ねぎは食べやすい大きさに切る。九条ねぎは5㎝長さに切る。ごぼうは笹がきにして水に晒す。
3. 鍋に1, 2を盛り、ブリの上に好みで粉山椒を振り、すきだしを入れ、火にかけて炊く。

P.46 帆立貝とろろ玉子焼

■材料（一人前）
- ホタテ貝 ………………… 1個
- 大和芋 …………………… 15g
- 卵 ………………………… 1/2個
- 枝豆 ……………………… 少々

【帆立貝焼のだし】
- だし ……………………… 100㎖
- 薄口醤油 ………………… 10㎖
- 酒 ………………………… 10㎖
- みりん …………………… 10㎖

■作り方
1. ホタテ貝は殻からはずし、そうじをし、貝柱を4等分に切って殻にもどす。貝のひももそうじして、殻に盛りつける。
2. 大和芋をおろし、玉子と混ぜ合わせる。
3. 枝豆は塩茹でし、薄皮をむく。
4. 1に帆立貝焼のだしを張り、コンロにかける。炊き上がりに2をかけ、3の枝豆をちらして焼き上げる。

P.44 カンパチしゃぶしゃぶ

■材料（一人前）
- カンパチ上身 …………… 120g
- 水菜 ……………………… 1束
- 長ねぎ …………………… 1/4本
- エリンギ ………………… 1本
- スダチ …………………… 1/2個

【しゃぶしゃぶのだし】
- だし ……………………… 300㎖
- 薄口醤油 ………………… 20㎖
- みりん …………………… 15㎖
- 酒 ………………………… 15㎖

■作り方
1. カンパチの上身をそぎ切りにする。
2. 水菜は根を切って、5㎝長さに揃える。長ねぎは細く斜め切りにする。エリンギは薄切りにする。
3. 皿に1, 2を盛りつけ、スダチを添える。
4. 鍋に合わせだしを入れ、ミニコンロにのせ、3と一緒に提供する。

小皿・小鉢料理

P.49 車海老一杯醤油炙り

■材料(一人前)
- 車エビ …………………… 1尾
- 白ずいき ………………… 30g
- 一杯醤油 ………………… 適量
- 梅肉 ……………………… 少々

【一杯醤油】
- 濃口醤油 ………………… 1
- 酒 ………………………… 1

※ 濃口醤油と酒を1:1の割合で合わせて鍋に入れ、火にかけてアルコール分を飛ばし、火からおろして冷ます。

【白ずいき浸し汁】
- だし ……………………… 120mℓ
- 薄口醤油 ………………… 20mℓ
- みりん …………………… 20mℓ

※ 鍋に合わせて煮立たせ、火からおろして冷ます。

■作り方
1. 車エビの頭を取り、殻をむき、腹開きにして金串を横串にして3本打つ。
2. 一杯醤油を1の両面に塗り、バーナーで炙る。
3. 白ずいきは皮をむき、酢を加えた湯で下茹でし、水にとる。水気をとり、浸し汁にサッと漬け、器に盛る。2を前盛りにして、塩焼きにした頭を添える。

P.48 剣烏賊明太和え

■材料(一人前)
- ケンサキイカ上身 ……… 50g
- 明太子 …………………… 20g
- 酒 ………………………… 少々
- 温度玉子 ………………… 1個

■作り方
1. ケンサキイカの上身を細切りにする。
2. 明太子は皮を取り、酒少々を加える。
3. 卵を68℃で35分火にかけ、固めの温度玉子を作る。卵黄のみ取り出し、1、2とともに和え、小鉢に盛りつける。

P.48 甘鯛蕪蒸し

■材料(一人前)
- 甘ダイ上身 ……………… 80g
- かぶ(小) ………………… 1個
- 塩 ………………………… 少々
- 卵白 ……………………… 少々
- 片栗粉 …………………… 少々
- カラスミ ………………… ひと切れ
- ワサビ …………………… 少々
- 昆布 ……………………… 10cm角2枚

【銀あん】
- だし ……………………… 200mℓ
- 薄口醤油 ………………… 少々
- 塩 ………………………… ひとつまみ
- 酒 ………………………… 少々
- 水どき葛 ………………… 大さじ1

※ 吸い地より少し強めの味加減に。

■作り方
1. 甘ダイの上身に薄塩をあて、1時間置いてから水洗いし、水気を拭いて1時間昆布〆にする。
2. かぶは皮をむき、おろし金でおろして水分を軽く絞り、塩少々を加え、卵白、片栗粉少々でつなぐ。
3. 甘ダイは昆布をはずしてバットにのせる。酒をあてて強火の蒸し器で2分蒸す。
4. 3の甘ダイに2をのせ、さらに4分蒸し上げる。
5. 4を器に移し、銀あんを張り、炙りカラスミを天盛りにし、ワサビを添える。

材料と作り方 136

材料と作り方

P.51 鱇みぞれ酢がけ

■材料(一人前)
- カマス ……………… 半身
- 大根おろし ……………… 30g
- 打ちきゅうり ……………… 1/4本
- イクラ ……………… 少々
- 茗荷 ……………… 1/4本
- 土佐酢 ……………… 大さじ1

【酢取り茗荷の甘酢】
- 米酢 ……………… 100ml
- 水 ……………… 100ml
- 上白糖 ……………… 50g
- 塩 ……………… 5g

■作り方
1. カマスは水洗いして三枚におろし、腹骨、中骨を抜き、玉酒(酒100ml、水100ml)に10分漬けた後、1時間昆布〆する。
2. 1を昆布からはずし、皮目に細かい包丁を入れ、天火で両面を焼いて、食べやすい大きさに切る。
3. きゅうりは小口切りにして、立て塩に漬けた後、水気をきる。
4. 大根おろしをきつめに絞り、土佐酢と3を加えて混ぜる。
5. 茗荷は丸のままサッと湯に落とし、ザルに上げ、薄塩をあてる。冷めたら、甘酢に2〜3時間漬ける。
6. 器に2のカマスと4のみぞれ酢を交互に盛りつけ、イクラ、酢取り茗荷を天盛りにしてあしらう。

P.51 松茸と鱧のポン酢和え

■材料(一人前)
- ハモ切り落とし ……………… 70g
- 松茸 ……………… 20g
- ほうれん草 ……………… 少々
- 黄菊 ……………… 1輪

【ポン酢和えのだし】
- ポン酢 ……………… 小さじ2
- 濃口醤油 ……………… 小さじ1/4
- みりん ……………… 小さじ1/2
- だし ……………… 小さじ2
- 塩 ……………… ひとつまみ
- 酒 ……………… 大さじ2
- スダチ ……………… 1/2個

■作り方
1. ハモは骨切りし、細く切り落とす。酒塩をあて、10分置いてから熱湯をかけて霜ふりし、冷水にとって水気を拭き取る。
2. ほうれん草は塩湯がきし、冷水にとって水気をきり、4〜5cm長さに切り揃える。
3. 黄菊はさばき、湯に酢を少々落としてサッと湯がき、水に晒して水気をきる。
4. 松茸は細めの短冊切りにしておく。
5. 小鍋に酒少々を入れて沸かし、アルコールが飛んだら塩少々と4を入れてサッと酒炒りする。2,3も手早く入れ、さらに1を入れて混ぜて火を止め、ボールに移す。ポン酢和えのだしを加えて和え、小鉢に盛りつけ、黄菊を天盛りにする。

P.50 鰹たたき香味野菜造り

■材料(一人前)
- カツオ上身 ……………… 120g
- 大葉 ……………… 2枚
- レッドオニオン(スライス) 少々
- ハス芋 ……………… 10g
- 茗荷 ……………… 1/2個
- 紅芯大根 ……………… 20g
- ミニトマト ……………… 1個
- わけぎ ……………… 1本
- スプラウト ……………… 1/5パック
- ニンニクチップ ……………… 1片

【ポン酢ドレッシング】
- ポン酢 ……………… 20㎖
- バージンオリーブオイル … 20㎖

■作り方
1. カツオ上身は金串を打って薄塩をあて、直火(強火)で炙り、タタキにする。
2. 大葉、茗荷は刻んで、水に晒す。わけぎは斜め切りにして、水に晒す。レッドオニオンはスライスして水に晒す。ハス芋は皮をむき、斜めに薄切りして水に晒す。スプラウトは根を切り、洗っておく。紅芯大根は皮をむき、薄くいちょう切りにする。ニンニクは薄切りにして、油で揚げ、チップにする。
3. 食べやすい大きさに切った1のカツオのタタキを器に盛り、2の野菜を上に盛りつけ、ニンニクチップをあしらう。
4. ポン酢ドレッシングを別添えにして提供する。

小皿・小鉢料理

P.54 太刀魚と焼野菜パルメザンチーズがけ

■材料(一人前)
- タチウオ上身 ………… 100g
- えびすかぼちゃ ………… 40g
- 赤万願寺唐辛子 ………… 1本
- 椎茸 ………… 2枚
- アボカド ………… 1/3個
- レモン ………… 1/4個
- パルメザンチーズ ………… 少々
- バージンオリーブオイル … 少々
- 濃口醤油 ………… 少々
- 酒 ………… 少々

■作り方
1. タチウオ上身は一口大に切って、薄塩をあて、220℃のオーブンで10分焼く。
2. 野菜はそれぞれ食べやすい大きさに切る。
3. かぼちゃのみ蒸し器で火が通るぐらいに蒸す。
4. 2と3にばーじオリーブオイルを塗り、200℃のオーブンで8分焼き、焼き上がりに一杯醤油(濃口醤油10ml、酒10ml)を塗り、もう1分オーブンで焼く。
5. 器に1、4を盛りつけ、カットレモンをあしらい、パルメザンチーズを振りかける。

P.53 秋刀魚献珍焼き

■材料(一人前)
- サンマ ………… 片身
- 豆腐けんちん ………… 100g
- ほうれん草 ………… 30g
- 黄菊 ………… 2輪
- 幽庵地 ………… 200ml

【豆腐けんちん】
- もめん豆腐 ………… 1丁
- 卵 ………… 2個
- 大和芋 ………… 30g
- ギンナン ………… 5個
- 椎茸 ………… 2枚
- 打ち人参 ………… 20g
- ささがきごぼう ………… 20g
- 塩 ………… 少々
- ごま油 ………… 小さじ2

※1人前100g使用

【八方あん】
- だし ………… 120ml
- 薄口醤油 ………… 10ml
- みりん ………… 10ml
- 水どき葛 ………… 大さじ1

■作り方
1. サンマは水洗いし、三枚におろし、腹骨、中骨を取り、皮目に細かく包丁を入れ、1時間幽庵地に漬け込み、巻すの上に上げる。
2. もめん豆腐を軽く絞り、熱したフライパンにごま油を敷き、ほぐしながら炒め、水気がなくなったら、溶き玉子を加えて手早く炒り、バットに広げる。
3. 湯がいたギンナンは薄切りにする。椎茸は小口切り、ごぼうはささがきにして、水に晒す。人参は針打ちにする。
4. フライパンを熱し、ごま油小さじ1を敷き、3の野菜をサッと炒める。
5. 2とおろした大和芋を合わせてフードカッターにかけ、ボールに移し、4と混ぜ合わせる。
6. 5を丸くまとめ、1のサンマで巻き、つまようじでとめる。200℃のオーブンに入れ、15分間焼きあげる。
7. ほうれん草は湯がき、吸い地に漬けておく。黄菊はほぐし、湯に酢少々を加えた湯でサッと茹でてザルにとり、水に晒す。
8. 器に6を盛り、ほうれん草をあしらい、菊花あんをかける。

P.52 鮄の幽庵焼

■材料(一人前)
- ホウボウ上身 ………… 50g二切れ
- 菊花カブ ………… 1個
- 酢取り茗荷 ………… 1/4本
- スダチ ………… 少々
- 黄菊 ………… 少々

【幽庵地】
- だし ………… 200ml
- 濃口醤油 ………… 200ml
- 酒 ………… 200ml
- みりん ………… 200ml
- 輪切りユズ ………… 2個

※鍋に上記の調味料を合わせ、ひと煮立ちさせる。冷ましてから、輪切りユズを混ぜ合わせる。

■作り方
1. ホウボウの上身に細かく、隠し包丁を入れる。幽庵地に3時間漬け込み、中火の天火で両面を焼き上げ、みりんを塗って仕上げる。
2. 器に1を盛り、菊花カブ、輪切りのスダチ、黄菊をあしらう。

材料と作り方　138

材料と作り方

P.57 アボカドと占地とろろ和え

■材料(一人前)
- アボカド ………………1/4個
- オクラ …………………2本
- 大和芋 …………………30g
- しめじ …………………15g
- とんぶり ………………大さじ2/3
- ワサビ …………………少々
- 加減醤油 ………………小さじ2

【加減醤油】
- 濃口醤油 ………………10ml
- だし ……………………10ml

■作り方
1. アボカドは食べやすい大きさに切る。
2. オクラはそうじをして塩みがきし、サッと湯がき、冷水にとる。水気をきり、5mm厚さに切る。
3. しめじは酒炒りする。
4. 大和芋はおろし金でおろし、少しだしでのばす。
5. とんぶりはサッと湯がく。
6. 小鉢に1、2、3を盛り、4をかける。上に5を盛り、ワサビを添えて、加減醤油を敷く。

P.56 渡り蟹酢

■材料(一人前)
- ワタリガニ 400gのもの1/2パイ
- 菊菜 ……………………1/5束
- 黄菊 ……………………3輪
- しめじ …………………1/8パック
- イクラ …………………少々
- おろし生姜 ……………小さじ1/2
- 花穂じそ ………………2本

【土佐酢ジュレ】
- 土佐酢 …………………100ml
- 板ゼラチン ……………2g

※ 土佐酢を沸かし、水で戻した板ゼラチンを加えて溶かし、粗熱をとる。

■作り方
1. ワタリガニは水洗いし、甲羅をはずし、そうじをして強火の蒸し器で10分蒸し、冷ましてから上身をとる。
2. 菊菜は塩茹でし、冷水にとって吸い地に漬ける。
   黄菊は湯がき、水に晒し、吸い地に漬ける。
   しめじは石づきを取ってさばき、酒炒りする。
3. 器に1、2をバランスよく盛りつけ、土佐酢ジュレをかけ、イクラ、花穂じそをちらし、おろし生姜を天に盛る。

P.55 鯛あら揚げ焼

■材料(一人前)
- タイの頭、カマ ………1/2尾
- ごぼう …………………40g
- 木の芽 …………………5枚
- 甘ダレ …………………100m

【甘ダレ】
- 濃口醤油 ………………200ml
- たまり醤油 ……………200ml
- みりん …………………200ml
- 酒 ………………………200ml
- 氷砂糖 …………………150g

※ 調味料を合わせて二割煮詰める。

■作り方
1. タイの頭を割り、カマと共に水洗いし、水気を拭く」。
2. ごぼうは細長く切り揃える。
3. 1に打ち粉をし、180℃の油に入れ、5〜6分揚げる。水気がなくなったら、ボールに入れ、甘ダレをからませる。
4. ごぼうもカラッと揚げ、甘ダレをからませる。
5. 器に3,4を盛り、たたき木の芽をあしらう。

小皿・小鉢料理

P.59 坊っちゃん南瓜あられ揚げ

■材料(一人前)
- 坊っちゃんかぼちゃ　　　1/4個
- ギンナン　　　　　　　　2個
- むかご　　　　　　　　　2個
- 葛の葉　　　　　　　　　1枚
- あられ　　　　　　　　　少々
- 卵白　　　　　　　　　　少々
- 小麦粉　　　　　　　　　少々
- 塩　　　　　　　　　　　少々

■作り方
1. 坊っちゃんかぼちゃは一口大に切り、強火の蒸し器で7～8分蒸す。冷ましてから、打ち粉、卵白、砕いたあられ粉を付け、180℃の油で揚げ、素塩をふる。
2. ギンナンは低温の油で揚げ、素塩をふり、柔らかく食べやすくなるよう押しつぶす。
3. むかごは蒸して火を通し、180℃の油でサッと揚げ、素塩をふり、松葉に刺す。
4. 葛の葉を素揚げし、器にのせ、1, 2, 3を盛りつける。

P.58 松茸土瓶蒸し

■材料(一人前)
- ハモ落とし　　　　　　　20g
- 松茸　　　　　　　　　　15g
- サイマキエビ　　　　　　1尾
- ギンナン　　　　　　　　2個
- 三つ葉　　　　　　　　　1本
- 吸い地(P.130「飛龍頭椀」参照)
　　　　　　　　　　　　150ml
- スダチ　　　　　　　　1/2個

■作り方
1. ハモの上身は骨切りし、切り落とす。
2. 松茸はきれいに拭き、一口大に切る。
3. サイマキエビは背ワタを取って霜ふりし、冷水にとって、頭、殻をむいておく。
4. ギンナンは米の研ぎ汁で5～6分湯がいておく。
5. 土瓶の中に1～4を入れ、沸かした吸い地をはり、強火の蒸し器で5分蒸し、結び三つ葉を入れて仕上げる。

P.57 長芋素麺

■材料(一人前)
- 長芋　　　　　　　　　　120g
- クルマエビ　　　　　　　1尾
- 生ウニ　　　　　　　　　20g
- オクラ　　　　　　　　　1本
- 花穂じそ　　　　　　　　1本
- 輪切りスダチ　　　　　　1枚
- 昆布　　　　　　　10cm角2枚

【美味だし】
- だし　　　　　　　　　200ml
- 薄口醤油　　　　　　　　50ml
- みりん　　　　　　　　　50ml

※鍋に上記の調味料を合わせ、ひと煮立ちしたら火を止め、冷ます。1人前80ml使用する。

■作り方
1. 長芋は皮をむき、ミョウバン水に30分漬け、アクを止める。水洗いし、水気を拭き、薄切したものを針打ちにし、昆布に30分挟んで昆布〆する。
2. オクラはそうじをして塩湯がきし、タネを取ってたたきオクラにする。
3. クルマエビは霜ふりし、頭、殻をむき、背ワタを取り、3等分に切る。
4. 小鉢にまず1を盛り、2, 3と生ウニを盛る。美味だしをはり、花穂じそをちらし、ワサビと輪切りスダチを添える。

材料と作り方　140

材料と作り方

P.61 秋茄子牛ロースすき煮

P.60 牛ロース八幡巻

P.59 万願寺唐辛子チリメン山椒炒め

秋茄子牛ロースすき煮

■材料(一人前)
牛ロース肉 …………… 80g
加茂なす …………… 1/2個
九条ねぎ …………… 2本
大和芋 …………… 30g
卵黄 …………… 1個
だし …………… 少々
木の芽 …………… 3枚
粉山椒 …………… 少々

【すき煮のだし】
だし …………… 300ml
濃口醤油 …………… 50ml
みりん …………… 50ml
酒 …………… 30ml
上白糖 …………… 20g
※1人前200ml使用。

■作り方
1 加茂なすの皮をむき、1個を6等分に乱切りして油で揚げ、油抜きをする。
2 九条ねぎは5cm長さに揃える。
3 大和芋は皮をむいておろし金でおろし、だし少々でのばす。
4 小鍋にすき煮のだしを沸かし、1の加茂なす、牛ロース肉、2の九条ねぎの順に火を通す。煮えたら、器に盛り、3をかけ、卵黄をのせ、木の芽をあしらう。最後に好みで粉山椒をかける。

牛ロース八幡巻

■材料(一人前)
牛ロース肉 …………… 80g
ごぼう …………… 60g
粉山椒 …………… 少々

【甘ダレ】
酒 …………… 180ml
みりん …………… 180ml
たまり醤油 …………… 180ml
濃口醤油 …………… 180ml
氷砂糖 …………… 120g
※鍋に調味料を入れ、弱火で2割煮詰めて使用する。

■作り方
1 ごぼうはロース肉の幅に合わせて切り、細長く割ってサッと湯がく
2 牛ロース肉を敷き、手前にごぼうを並べて巻き込む。金串を打って、天火で両面を焼き、甘ダレを2～3回かけて焼いていく。焼けたら、食べやすい大きさに切って、切り口にもう一度甘ダレを塗り、粉山椒をかけ、器に盛る。

万願寺唐辛子チリメン山椒炒め

■材料(一人前)
チリメン山椒煮 …………… 40g
万願寺唐辛子(赤、緑) …… 各1本
木の芽 …………… 2枚
白炒りごま …………… 少々
酒 …………… 少々
濃口醤油 …………… 少々
ごま油 …………… 小さじ1

【チリメン山椒煮】
乾燥チリメン …………… 500g
有馬山椒煮 …………… 30g
だし …………… 600ml
酒 …………… 600ml
濃口醤油 …………… 120ml
みりん …………… 120ml
※
① 鍋にたっぷりの湯を沸かした中にチリメンを入れ、ひと煮立ちしたらアクを取ってザルに上げ、水気をきる。
② 別鍋にチリメン山椒煮の調味料を沸かし、チリメンを加え、強火で煮詰めていき、煮汁が少なくなったら有馬山椒を加え、汁気がなくなるまで炊き上げる。

■作り方
1 万願寺唐辛子は細長く切る。
2 フライパンを熱し、ごま油を敷き、1をサッと炒める。次に、チリメン山椒煮を加えて手早く炒め、酒、濃口醤油を加えて白炒りごまをふり、仕上げる。
3 小鉢に2を盛りつけ、木の芽を天盛りにあしらう。

小皿・小鉢料理

P.65 アンチョビ入りミニクロワッサン

■材料
強力粉 …………………… 100 g
薄力粉 …………………… 25 g
砂糖 ……………………… 12 g
水 ………………………… 70 g
バター …………………… 12 g
生イースト ……………… 4 g
バター(折込用) ………… 100 g
アンチョビ ……………… 適量
粉糖 ……………………… 適量

■作り方
1 折込用バターとアンチョビ、粉糖以外の材料をボウルに入れて、ある程度まとまるまで混ぜる。少しダマがあるくらいでよい。まとまったら、常温で3〜4時間ねかせる。
2 ねかした後、パンチをしてガス抜きをして四角く延ばす。
3 常温に戻した折込用バターを置いて三つ折りにする。それを伸ばして、また三つ折りにする。
4 三つ折りを2回行うごとに冷凍庫で3時間生地を冷やす。これを3回繰り返す。
5 生地を1個10gに分け、細長い楕円形に伸ば、アンチョビを中央において巻く。
6 室温で低めのところで生地を休ませる。約1.5倍に膨らんだら、天板の上に並べて170℃のオーブンで8分〜10分焼く。
7 粉糖をふって提供する。

P.64 赤ピーマンのムース Wonton

■材料
ワンタンの皮 …………… 適量
赤ピーマンのピューレ … 100 g
じゃがいものピューレ … 100 g
生クリーム ……………… 適量
塩 ………………………… 適量
胡椒 ……………………… 適量
ねぎ(小口切り) ………… 適量
オリーブオイル ………… 適量

■作り方
1 ワンタンの皮を茹でる。
2 赤ピーマン、じゃがいものピューレと生クリームを合わせ、塩、胡椒で味を調える。
3 茹でたワンタンの皮を広げて、2のムースを中央にのせて四角い形に包む。スプーンの上にのせる。
4 提供前にサラマンダーでスプーンにのせた状態で温める。器にのせ、ねぎを飾り、オリーブオイルをかける。

P.62 牛ロース 朴葉味噌焼

■材料(一人前)
牛ロース肉 ……………… 100g
千両なす ………………… 1/3本
万願寺唐辛子(赤、緑) … 各少々
椎茸 ……………………… 1枚
しめじ …………………… 20g
田楽みそ ………………… 大さじ2
白髪ねぎ ………………… 少々
かもじねぎ ……………… 少々
バター …………………… 少々
煮切り酒 ………………… 少々
塩・胡椒 ………………… 少々

【田楽みそ】
赤みそ …………………… 150g
酒 ………………………… 50ml
みりん …………………… 50ml
上白糖 …………………… 50g
※ 弱火で15分練り込む。

■作り方
1 椎茸、しめじはフライパンでバター焼きにする。
2 なすは縦半分に割り、皮目に隠し包丁を入れ、片身を4等分に切る。
3 万願寺唐辛子は1cm長さに切って、なすとともに油でサッと揚げる。
4 牛ロース肉に薄く塩、胡椒をあて、フライパンで両面を焼く。
5 田楽みそを煮切り酒少々でのばし、朴葉の上に敷き、揚げなす、牛ロース肉、きのこ、万願寺唐辛子を盛り、合わせねぎ(白髪ねぎ、かもじねぎ)を天にあしらう。焼石の上にのせて提供する。

材料と作り方 142

材料と作り方

P.68 チーズのシュー生地とスクランブルエッグ スワン仕立てて

【スクランブルエッグ】
■材料
- 卵 …………………………… 1個
- 溶かしバター ……………… 適量
- 生クリーム ………………… 80g
- 塩 …………………………… 少々

■作り方
1. ボウルに卵をほぐす。
2. 生クリーム、溶かしバター、塩を合わせ、湯せんにかけながら火を入れてフワフワ、トロトロのスクランブルエッグにする。

【チーズのシュー生地】
■材料
- 薄力粉 ……………………… 150g
- 牛乳 ………………………… 125ml
- 水 …………………………… 125ml
- バター ……………………… 100g
- 卵 …………………………… 5個
- 砂糖 ………………………… 8g
- 塩 …………………………… 1g
- 粉チーズ(グリエール) …… 40g
- 溶き卵 ……………………… 適量

■作り方
1. 牛乳、水、バター、砂糖、塩を鍋に入れて沸かす。
2. 沸いたら火からはずして薄力粉を加えて混ぜる。
3. 2の粗熱が取れたら、卵を溶いて少しずつ加えて混ぜる。
4. 溶き卵を混ぜたら粉チーズを加えて混ぜる。
5. 生地を絞り袋に入れ、テフロン加工の天板に直径5cmで丸く絞る。生地の表面に溶き卵を刷毛で塗る。190℃のオーブンで3分焼き、175℃に落として3分焼く。
6. スワンの頭にする部分を、その形に絞り出す。175℃のオーブンで10分焼く。

■組み立て
1. 丸く焼いたシュー生地を立て半分にカットし、上部分のみ、さらに縦に半分にカットする。
2. 断面にスクランブルエッグを塗り、元の形に重ねる。
3. スワンの頭の形に焼いたシュー生地を立てて挟み込む。

P.67 梅酒と赤紫蘇のグラニテと鴨の燻製

■鴨の燻製の材料
- 鴨ムネ肉 …………………… 1枚
- 塩 …………………………… 適量
- 胡椒 ………………………… 適量
- ローズマリー ……………… 適量
- 桜のチップ ………………… 適量

■作り方
1. 鴨ムネ肉に塩、胡椒をしてローズマリーとともにひと晩マリネする。
2. フライパンに桜のチップを入れ、上に網をのせ、その上にマリネしたカモムネ肉を置いて火を点けてフタをして7分ほど燻製する。
3. 別のフライパンを熱し、鴨ムネ肉の皮目の方だけ焼いてパリッとさせる。

【梅酒と赤紫蘇のグラニテ】
■材料
- 梅酒 ………………………… 100g
- 赤紫蘇ジュース …………… 100g
- 水 …………………………… 200g
- 砂糖 ………………………… 適量

■作り方
1. 鍋に梅酒を入れて火にかけ、アルコール分を飛ばす。
2. アルコール分が飛んだら、水、砂糖、赤紫蘇ジュースを加えて砂糖を溶かす。
3. 冷まして、平らなバットに流して冷凍庫に入れる。途中、フォークで削ってシャーベットにする。

P.66 米粉とチーズのマドレーヌ

■材料
- 卵白 ………………………… 240g
- アーモンドプードル ……… 100g
- 米粉 ………………………… 100g
- 溶かしバター ……………… 150g
- 粉チーズ(パルメザンチーズ) 30g
- 砂糖 ………………………… 80g

■作り方
1. 卵白はほぐす。
2. アーモンドプードル、米粉はふるっておく。
3. ほぐした卵白にアーモンドプードル、米粉を合わせて混ぜる。
4. 混ざったら溶かしバターを混ぜ、続いて粉チーズ、砂糖を混ぜる。
5. マドレーヌ型にバター(分量外)を塗り、型の八分目くらいの高さまで4の生地を入れる。
6. 175℃のオーブンで10〜15分焼く。

小皿・小鉢料理

P.71 グルヌイユのカダイフ包み　パセリソース

■材料
カエル肉 ……………… 適量
パセリソース …………… 適量
塩 ……………………… 適量
胡椒 …………………… 適量
カダイフ ………………… 適量

■作り方
1 カエル肉は塩、胡椒をして焼く。
2 焼いたカエル肉にカダイフを巻く。
3 パセリソースをしいて器の上に盛り付ける。

【パセリソース】
■材料
パセリのピューレ ………… 適量
マヨネーズ ……………… 適量
生クリーム ……………… 適量
マヨネーズ ……………… 適量

■作り方
1 生クリームは七分立てくらいに泡立てる。
2 泡立てた生クリームとパセリピューレを混ぜ合わせる。
3 マヨネーズを合わせる。

【マヨネーズ】
■材料
卵黄 …………………… 1個分
マスタード ……………… 15g
白ワインビネガー ………… 15g
サラダ油 ………………… 300g
塩 ……………………… 適量
胡椒 …………………… 適量

■作り方
1 卵黄、マスタード、ビネガーをボウルで合わせる。
2 サラダ油を少しずつたらしながら攪拌し、乳化させていく。
3 乳化させたら塩、胡椒で味を調える。

P.70 ホロホロ鳥の焼き鳥

■材料
ホロホロ鳥 ……………… 適量
塩 ……………………… 適量
胡椒 …………………… 適量
ローズマリー …………… 適量
ローズマリーの枝 ……… 適量

■作り方
1 ホロホロ鳥は、塩、胡椒、ローズマリーでひと晩マリネする。
2 マリネしたホロホロ鳥は網焼きでこんがり焼く。
3 食べやすい厚みに切り、ローズマリーの枝を1本刺して提供する。

P.69 海苔のチュイル

■材料
焼海苔 ………………… 1枚
卵白 …………………… 50g
薄力粉 ………………… 適量
シェリービネガー ………… 適量

■作り方
1 卵白はほぐし、薄力粉を混ぜる。シャバシャバでなく、ある程度の濃度があるくらいの量の薄力粉を混ぜ合わせる。
2 少し香りがする程度だけ、シェリービネガーを混ぜ合わせる。これでひと晩冷蔵庫で休ませる。
3 焼海苔を三角形に切り、2の生地を片面に薄く塗る。
4 生地を塗った面を上にして、170℃のオーブンで8分焼く。火を止めて、そのままオーブンの中に5分ほど置いてサクサクにして盛り付ける。

材料と作り方

材料と作り方

P.74 エスカルゴのキッシュ

■材料
- バター　125g
- 強力粉　125g
- 薄力粉　125g
- 水　60g
- 塩　2.5g
- 砂糖　1g
- エスカルゴ（缶詰）　2個
- アパレイユ　適量
- オニオンコンポート　適量

■作り方
1. 生地を作る。バターは固まったまま、水以外の材料と混ぜ合わせる。
2. 全体が混ざったら、水を少しずつ加えて混ぜる。混ざったら少し休ませる。
3. 麺棒で伸ばして適度な大きさにカットしてキッシュの型にはめる。
4. エスカルゴ（缶詰）をさいの目に切ったもの（1個分）、オニオンコンポート、アパレイユを入れて180℃のオーブンで7分焼き、途中、天板の向きを変えてさらに7分焼く。
5. 中に火が入ったことを確認し、そっと型から外して盛り付ける。上にエスカルゴ（缶詰）を1個飾る。

【アパレイユ】
■材料
- 卵　3個
- 生クリーム　250g
- 牛乳　250g
- 塩　適量
- 胡椒　適量
- ナツメグ　少々

■作り方
1. 材料を全て混ぜ合わせる。

【オニオンコンポート】
■材料
- 玉ねぎ　適量

■作り方
1. 玉ねぎは粗みじん切りにし、甘味が出るまで弱火で炒め続ける。

P.73 ホンビノス貝と貝出汁のジュレ

■材料
- ホンビノス貝　1個
- ミルボワ　適量
- 白ワイン　適量
- 水　適量
- オリーブオイル　適量
- 野菜のブリュノワーズ　適量
- 昆布茶　適量
- パールアガー　適量
- ディル　適量
- サラダ油　適量

■作り方
1. ミルボワをサラダ油で炒めて、ホンビノス貝を入れて炒め、白ワインを注ぐ。
2. アルコール分を飛ばしたら、ひたひたになるくらいの水を加えて炊く。
3. 炊いたら漉して貝と煮汁に分ける。
4. 漉した貝の煮汁に昆布茶を味を見ながら入れて調える。
5. ボウルに4の貝だし100gに対して1gのパールアガーを合わせてよく混ぜて溶かす。
6. バットに5を2〜3cmの厚みで流して冷やし固める。固まったら貝殻の大きさより一回り小さい円形にくり抜く。
7. 3の貝は、食べやすい大きさにカットし、塩・胡椒・オリーブオイルで味付けする。
8. 貝殻に7と野菜のブリュノワーズを入れ、上に8の寒天をのせる。ディルを刻んで上に飾る。
9. 器に粗塩（分量外）をしいて、その上に8の貝殻をのせる。

【野菜のブリュノワーズ】
■材料
- 人参　適量
- トランペットズッキーニ　適量
- 大根　適量
- キュウリ　適量
- レモンオイル　適量
- 塩　適量
- 胡椒　適量

■作り方
1. 野菜は3mm角の細かい角切りにする。
2. さっと炒めて、レモンオイル、塩、胡椒で味付けする。

P.72 いちじくの生ハム巻き いちじくと白ワインのジュレ添え

■材料
- イチジク　1/2個
- 生ハム　1枚
- 白ワイン　200ml
- 水　80g
- 砂糖　140g
- 板ゼラチン　作り方参照
- レモン果汁　少々

■作り方
1. 白ワインは鍋に入れて火にかけ、アルコール分を飛ばす。
2. アルコール分が飛んだら、水、砂糖、レモン果汁を入れ、イチジクを加えて火にかける。
3. イチジクは炊き過ぎないように。ある程度炊いたら余熱でイチジクに火を入れるようにし、火を止めてそのまま冷ます。
4. 3の煮汁110gに対して板ゼラチン1gを溶かして冷やす。
5. 器に炊いたイチジクを盛り、上にふんわりと生ハムをのせる。固めたジュレを流す。

小皿・小鉢料理

P.78 ラタトゥイユ入り自家製サーモンマリネ

【サーモンマリネ】
■材料
- 生食用サーモン（フィレ） …… 1枚
- 塩 …………………………… 150g
- 砂糖 ………………………… 75g

■作り方
1. サーモンに塩、砂糖をふって6時間ほど冷蔵庫に入れてマリネする。
2. マリネしたら水で洗い、冷蔵庫の中で乾かす。

【ラタトゥイユ】
■材料
- 赤パプリカ ………………… 1個
- 黄パプリカ ………………… 1個
- ピーマン …………………… 4個
- ナス ………………………… 3本
- 玉ねぎ ……………………… 1個
- ズッキーニ ………………… 1本
- トマト ……………………… 2個
- タイム ……………………… ひとつまみ
- ローリエ …………………… 1枚
- オリーブオイル …………… 適量

■作り方
1. それぞれの野菜は同じ大きさに、小さめの角切りにする。
2. トマト以外の野菜は個別にオリーブオイルで炒め、塩・胡椒をして一つの鍋に合わせる。
3. 2の鍋にトマト、ローリエ、タイムを加え、弱火でことことと煮る。そのまま冷ましてひと晩おく。

■仕上げ
- サーモンマリネ …………… 1切れ
- ラタトゥイユ ……………… 適量
- レタス ……………………… 適量
- ビネグレッドソース ……… 適量
- バジルのオイル …………… 適量

1. スライスしたサーモンマリネでラタトゥイユを巻く。
2. 小皿に盛り付けて、ビネグレッドソースで和えたレタスのせん切りを飾る。
3. サーモンにバジルのオイルをかける。

【バジルのオイル】
■材料
- オリーブオイル…100g
- バジル…1パック

■作り方
1. 材料をミキサーにかけ、バジルが細かくなるまで回す。

P.77 パテ・ド・カンパーニュとピクルスのピンチョス

【パテ・ド・カンパーニュ】
■材料
- 玉ねぎ（みじん切り） ……… 200g
- にんにく（みじん切り） …… 2g
- 鶏レバー …………………… 250g
- 鶏挽き肉 …………………… 325g
- 豚挽き肉 …………………… 325g
- イベリコ豚肩ロース（角切り） 375g
- 網脂 ………………………… 200g
- 全卵 ………………………… 1個
- ナツメグ …………………… 1g
- 塩 …………………………… 15g
- 胡椒 ………………………… 1g
- ポルト酒 …………………… 35g
- コニャック ………………… 35g
- オリーブオイル …………… 適量

■作り方
1. 玉ねぎ、にんにくを合わせて、玉ねぎがしんなりするまでオリーブオイルで炒める。炒めたら冷ます。
2. 鶏レバーを軽くソテーしてみじん切りする。そこにポルト酒、コニャックを合わせてマリネする。
3. 鶏挽き肉、豚挽き肉、イベリコ豚肩ロースの角切りと、卵、塩、胡椒、ナツメグをボウルでよく混ぜ合わせる。
4. 3に2を少しずつ加えながら混ぜ合わせる。
5. テリーヌ型に網脂をしいて、4を詰めて網脂でおおう。
6. フタをして180℃のオーブンに湯煎しながら60分焼く。オーブンから出したら冷まして冷蔵する。

【ピクルス】
■材料
- パプリカ …………………… 適量
- キュウリ …………………… 適量
- 人参 ………………………… 適量
- ピクルス液 ………………… 適量

■作り方
1. ピクルス液を作り、ピクルス液が温かいうちに食べやすい大きさに切った人参は漬ける。
2. ピクルス液が冷めたら、食べやすい大きさに切ったパプリカとキュウリを漬ける。好みの漬け具合まで漬ける。

【ピクルス液】
■材料
- シロワインビネガー ……… 135g
- 水 …………………………… 850g
- 塩 …………………………… 48g
- 砂糖 ………………………… 120g
- ローリエ …………………… 1枚
- レモン（果汁） …………… 半個分
- タカノツメ ………………… 1本

■作り方
1. 材料を鍋で合わせて火にかけ、ひと煮立させる。

■仕上げ
食べやすい大きさに切ったパテ・ド・カンパーニュ、ピクルスを串に刺し、皿に盛り付ける。

P.76 ブルーチーズとハチミツのマカロン

【マカロン生地】
■材料
- 卵白 ………………………… 35g
- グラニュー糖 ……………… 30g
- 粉糖 ………………………… 30g
- アーモンドパウダー ……… 35g
- 色粉(赤) …………………… 0.1g

■作り方
1. 粉糖とアーモンドパウダーはふるっておく。
2. 卵白を泡立てながら砂糖を加えていき、途中で色粉も加えてメレンゲを作る。
3. 2に1を加えて混ぜる。メレンゲの泡をつぶさないようにさっくりと合わせる。
4. 天板にオーブンシートを敷いて、3の生地を丸口金の絞り袋に入れて直径3センチほどに丸く絞る。10分ほど乾かす。
5. 160℃のオーブンで3分焼いて、140℃に落として10分焼く。

【ブルーチーズクリーム】
■材料
- ブルーチーズ ……………… 100g
- 生クリーム ………………… 10g
- ハチミツ …………………… 10g

■作り方
1. 材料を全てよく混ぜ合わせる。

■仕上げ
1. マカロンの生地でブルーチーズクリームを適量はさむ。
2. 1日冷蔵庫において生地とクリームをなじませる。

材料と作り方 146

材料と作り方

P.81 じゃがいものムースと鶏モモ肉のコンフィのキャベツ包み

■材料
- 鶏モモ肉のコンフィ ……… 適量
- キャベツの葉 ………………… 1枚
- じゃがいものムース ……… 適量
- サラミ ………………………… 適量
- ビネグレッドソース ……… 適量

■組み立て
1. 茹でたキャベツの葉を冷ましてから広げて、じゃがいものムースを塗る。
2. 鶏モモ肉のコンフィをほぐして上に散らす。
3. キャベツを巻いて食べやすい長さに切る。
4. 皿に盛り付けて、上にせん切りにしたサラミを飾る。上からビネグレッドソースをかける。

【鶏モモ肉のコンフィ】
■材料
- 鶏モモ肉（骨付き） ………… 適量
- 塩 …………… 鶏肉の重量の15%
- ラード ………………………… 適量

■作り方
1. 鶏モモ肉は、塩をして6時間マリネする。
2. 鍋にラードを入れ、65〜75℃をキープしてマリネした鶏モモ肉を4時間ほど加熱する。
3. コンフィした鶏モモ肉は鍋から出して冷ます。冷めたら肉をほぐして使う。

【じゃがいものムース】
■材料
- じゃがいも ………………… 300g
- 玉ねぎ ……………………… 1/2個
- ブイヨン …………………… 100g
- バター ………………………… 10g
- 生クリーム ………………… 200g
- 板ゼラチン …………………… 4g

■作り方
1. 玉ねぎをスライスしてバターでクタクタになるまで炒める。
2. 皮をむいたじゃがいものスライスを1に加え、ブイヨンを足して煮る。
3. じゃがいもに火が通ったら、ミキサーにかけてピューレにする。
4. 水で戻したゼラチンを、3が温かいうちに合わせて混ぜ、塩で味を調える。
5. 生クリームを八分立てにする。
6. 4が固まる前まで冷やし、5を加える。味見をして塩を調整し、冷やす。

P.80 海老と帆立のタルタル

■材料
- エビとホタテのタルタル … 適量
- クールドレッチュ ………… 葉1枚

■仕上げ
クールドレッチュの葉の上に、エビとホタテのタルタルを盛り付ける。

【エビとホタテのタルタル】
■材料
- 小エビ ……………………… 200g
- ホタテ貝柱 ………………… 100g
- 玉ねぎ（みじん切り） ……… 10g
- 自家製マヨネーズ ………… 40g
- ディル ………………………… 2g
- セルフィーユ ………………… 2g
- 塩 ……………………………… 適量
- 胡椒 …………………………… 適量

■作り方
1. エビとホタテは塩茹でして、氷水に入れて冷まし、粗みじん切りにする。
2. 玉ねぎはみじん切りにして水にさらしてから、絞って水気を切る。
3. 1と2をマヨネーズで混ぜ合わせる。
4. ディルとセルフィーユをみじん切りにして3と混ぜ、塩と胡椒で味を調える。

P.79 フォアグラのサンドイッチ チョコレートガナッシュ添え

■材料
- フォアグラのテリーヌ　直径6cm、厚み2cmを1枚
- 食パン　2枚（直径6cmにくり抜く）
- ガナッシュ ………………… 適量
- レーズン …………………… 1粒
- 粉糖 ………………………… 適量

■組み立て
1. 直径6cmにくり抜いた食パン2枚で、直径6cm・厚み2cmに切ったフォアグラのパテをはさむ。
2. 上にガナッシュをのせ、レーズンを飾って上から粉糖をふる。

【フォアグラのパテ】
■材料
- フォアグラ ………… 1個（350g）
- 塩 ……………………………… 3g
- 胡椒 …………………………… 1g
- ポルト酒 …………………… 15g

■作り方
1. フォアグラは常温に戻して、スジ、血管を取り除く。
2. 1を塩、胡椒、ポルト酒でひと晩冷蔵庫でマリネする。
3. 冷蔵庫から出して室温に戻してから、180℃のオーブンで5〜7分加熱する。
4. 焼いたフォアグラは網に取り、脂を切り、ラップで巻いて直径6cmほどの棒状に成形して、冷蔵庫でひと晩置く。
5. 2cm厚みに切って食パンにはさむ。

【ガナッシュ】
■材料
- クーベチュールチョコレート 100g
- 生クリーム ………………… 50g

■作り方
1. 生クリームを鍋で沸かし、沸いたら削ったチョコレートを加えて溶かす。
2. しっかり溶かしたら冷蔵庫で冷やす。

小皿・小鉢料理

P.84 ムール貝のグラタン

■材料
ムール貝 …………………… 300g
白ワイン …………………… 50g
玉ねぎ（スライス） ………… 50g
にんにく（みじん切り） …… 1片分
卵黄 ………………………… 1個分
水 …………………………… 10g
塩 …………………………… 1g
生クリーム ………………… 5g
オリーブオイル …………… 適量
海藻 ………………………… 適量
ビネグレッドソース ……… 適量

■作り方
1　オリーブオイルでにんにくを炒める。香りが出たら玉ねぎを加えて炒める。
2　ムール貝を加え、白ワインを注いでフタをして蒸し焼きにする。ムール貝の口が開いたらムール貝を取り出す。鍋に出たムール貝の蒸し汁は使う。
3　ボウルに卵黄、水、塩を合わせ、ボウルの底をお湯に当てて泡立てる。
4　2の蒸し汁を20gと生クリームを混ぜ合わせる。
5　ムール貝の殻の片方を外し、ムール貝の身の上に2で炒めた玉ねぎをのせ、4のソースをかけてサラマンダーで焼き目を付ける。
6　海藻をビネグレッドソースで和えた海藻サラダをしいて、上に盛り付ける。

P.83 イベリコ豚のリエット クルトン添え

■材料
イベリコ豚肩ロース ……… 1kg
玉ねぎ（スライス） ……… 140g
セロリ（スライス） ……… 35g
人参（スライス） ………… 70g
にんにく（スライス） …… 20g
ラード ……………………… 適量
白ワイン …………………… 140ml
水 …………………………… 適量
塩 …………………………… 12g
胡椒 ………………………… 適量
タイム ……………………… 適量
ローリエ …………………… 2枚

■作り方
1　豚肩ロースに塩を全体にふり、スライスした玉ねぎ、セロリ、人参、にんにくとともにひと晩マリネする。
2　マリネした豚肩ロースは角切りにする。鍋で野菜をラードで炒める。野菜を炒めたら、角切り豚肉を加えて炒める。
3　白ワイン、タイム、ローリエを加え、肉がひたひたになるくらいの水を加えて炊く。
4　豚肉がやわらかくなるまで煮たら、ザルに開けて水分と肉・野菜に分ける。タイムとローリエは外す。
5　豚肉と野菜をロボクープにかける。
6　4の煮汁は煮詰める。煮詰めたら5に加えて濃度を調整する。
7　塩で味を調え、型に入れて冷やす。

【クルトン】
■材料
バゲット …………………… 適量

■作り方
1　バゲットを2cm幅に切る。
2　天板に並べ、50℃くらいのオーブンに入れて、カリカリになるまで乾燥焼きする。

P.82 冷製ビーツのパスタ

■材料
ビーツ ……………………… 1／2個
トマトソース ……………… 50g
ミニトマト ………………… 2個
赤ワインビネガー ………… 3g
オリーブオイル …………… 適量
塩 …………………………… 適量
パセリ ……………………… 適量

■作り方
1　ビーツをかつらむきしてから、せん切りにする。せん切りにしたら氷水に浸ける。
2　1の水気を切り、マトソース、赤ワインビネガー、オリーブオイルで和える。
3　器に盛り、ミニトマト、パセリを飾る。

材料と作り方　148

材料と作り方

P.88 しし唐の温かいサラダ

■材料（4人分）
- しし唐 …………… 32本
- 玉ねぎ（みじん切り）……… 50g
- ピンクペッパー …………… 5g
- パセリ（みじん切り）……… 少々
- りんご酢 …………… 90cc
- はちみつ …………… 少々
- 塩 …………… 少々

■作り方
1. ドレッシングを作る。玉ねぎ、ピンクペッパー、パセリ、りんご酢、はちみつ、塩をボールに入れて混ぜ合わせ、一晩置いてなじませておく。
2. しし唐は、直火で焼いて器に盛る。
3. 2に1のドレッシングをかける。

P.86 梨とシャンパンゼリーのカクテル仕立て

■材料
- 梨 …………… 1／2個
- トマト …………… 1／4個
- レモンの皮 ………… 1／4個分
- オレンジの皮 ……… 1／4個分
- シャンパン …………… 100g
- オレンジ果汁 ………… 50g
- レモン果汁 …………… 2g
- 塩 …………… 適量
- 砂糖 …………… 適量
- 板ゼラチン …………… 3g
- サラダ …………… 適量

■作り方
1. オレンジ果汁、レモン汁を合わせて火にかける。温まったら、水でふやかしておいた板ゼラチンを加えて溶かす。
2. ゼラチンが溶けたら冷ます。固まる前にシャンパンを注ぎ、小さめの角切りにした梨とトマトを混ぜ、塩と砂糖で味を調え、オレンジとレモンの皮を混ぜて冷やし固める。
3. グラスにゼリーを入れて、上にサラダを飾る。

【サラダ】
■材料
- 玉ねぎ（スライス）………… 適量
- 人参（せん切り）…………… 適量
- 大根（せん切り）…………… 適量
- キュウリ（せん切り）……… 適量
- グリーンカールレタス …… 適量
- ビネグレッドソース ……… 適量

■作り方
1. グリーンカールレタスは食べやすい大きさにちぎり、スライスした玉ねぎ、せん切りにした他の野菜と合わせる。
2. ビネグレッドソースで全体に和える。

P.85 ごぼうのポタージュ

■材料
- ごぼう …………… 500g
- 玉ねぎ（スライス）……… 200g
- ブイヨン …………… 200g
- バター …………… 20g
- 生クリーム …………… 100g
- 牛乳 …………… 200g
- 塩 …………… 適量
- あられ …………… 適量

■作り方
1. ごぼうはよく洗ってスライスする。
2. 玉ねぎをバターでしんなりするまで炒める。続いてスライスしたごぼうを加えて炒める。
3. ブイヨンを加えて15分くらい煮る。
4. 3をミキサーにかけ、裏漉しする。
5. 鍋に移して、生クリーム、牛乳を加えて火にかけ、塩で味を調える。
6. カップに注ぎ、あられを散らす。

小皿・小鉢料理

P.91 なすのスカモルツァチーズ詰めフリット

■材料(4人分)
- なす ……………………… 2本
- スカモルツァチーズ(スモーク)
  ……………………… 40g×4
- 薄力粉 …………………… 100g
- ドライイースト …………… 2g
- 塩 ………………………… 3g
- 水 ………………………… 150cc
- トマトソース …………… 適量
- イタリアンパセリ ……… 適量

■作り方
1. なすはへたを取り、斜めに四等分にカットし、分量外の塩をして水分が浮いてきたらよく拭く。
2. 揚げ衣を作る。ボールに水を入れて塩を溶かし、薄力粉とドライイーストを加えて混ぜ、常温に置いて発酵させる。
3. 1のなすでスカモルツァチーズをはさみ、発酵した2の衣を付ける。
4. 170℃に熱した揚げ油で3を揚げる。色よく揚がったら、取り出して油をきる。
5. 器にトマトソースを流し、4を盛り、イタリアンパセリを飾る。

P.90 玉子のアンチョビ風味

■材料(4人分)
- 卵(S) ……………………… 8個
- アンチョビ(フィレ) ……… 適量
- 塩 ………………………… 適量
- 酢 ………………………… 適量

■作り方
1. 鍋に水を塩を入れ、4個の卵を入れて火にかけ、固茹で玉子を作る。熱いうちに取り出して殻をむいておく。
2. 熱湯に酢を少々注ぎ、菜箸で渦をつくり、その中心に卵を割り入れ、ポーチドエッグを作る。
3. 1の茹で玉子は半分にカットし、2とともに器に盛り、アンチョビをのせる。

P.89 谷中生姜のバルサミコ酢漬け

■材料(4人分)
- 谷中生姜 ………………… 8本
- バルサミコ酢 …………… 適量

■作り方
1. 容器にバルサミコ酢と谷中生姜を入れ、ラップをして3日間漬け込む。
2. 漬け込んだバルサミコ酢は、鍋に取って弱火にかけ、とろみが出るまで煮詰めてソースにする。
3. 1を器に盛り、2のソースをかける。

材料と作り方　150

材料と作り方

P.94 エビの香草パン粉焼き カラブリア風

■材料（4人分）
- エビ …………………… 20尾
- パン粉 ………………… 40g
- タカノツメ（種を取ったもの） 8本
- にんにく（みじん切り） …2片分
- オリーブオイル ………… 適量
- 塩・胡椒 ……………… 各適量

■作り方
1. 香草パン粉を作る。フライパンにオリーブオイルとにんにくを入れて弱火にかけ、きつね色になってきたらパン粉とタカノツメを入れて軽く炒める。予熱で乾煎りして取り出し、冷ましておく。
2. エビは殻をむき、オリーブオイルを熱したフライパンに入れて火を通し、皿に盛る。
3. 1の香草パン粉をかける。

P.93 はんぺんと桜エビのポルペット

■材料（4人分）
- 干し桜エビ ……………… 25g
- はんぺん ……………… 100g
- 薄力粉 …………………… 20g
- 塩 ………………………… 少々
- 無塩バター ……………… 40g
- アーモンドスライス（ローストしたもの） ………………………… 少々
- イタリアンパセリ（刻んだもの）少々

■作り方
1. 干し桜エビとはんぺんは、フードプロセッサーに入れて回して取り出し、薄力粉と塩を加えて混ぜる。
2. 1は少量を取り出し、ピンポン玉大に丸める。
3. 沸騰した湯に1％の塩を入れ、2を入れて茹で上げ、串に刺す。
4. バターは鍋に入れて火にかけ、溶かしバターにする。
5. 3を器に盛り、4をかけ、アーモンドスライスとパセリをちらす。

P.92 玉ねぎの素揚げ ゴルゴンゾーラチーズのソース

■材料（4人分）
- 玉ねぎ（小） …………… 4個

【ソース】
- ゴルゴンゾーラ・ピカンテ … 40g
- 生クリーム …………… 大さじ2
- アーモンドスライス（ロースト） ………………………… 適量
- パルミジャーノ（すりおろし）適量
- イタリアンパセリ ………… 適量

■作り方
1. 玉ねぎは薄皮をむき、根の部分は切り落とす。頭に十字に庖丁を入れる。
2. 170℃に熱した油に1を入れ、素揚げする。中まで火が通ったら取り出し、油をきる。
3. ソースを作る。ゴルゴンゾーラと生クリームを鍋に入れ、弱火にかけて溶かす。
4. 2の玉ねぎを皿に盛り、3のソースをかける。アーモンドスライスをちらし、パルミジャーノをふる。イタリアンパセリを飾る。

小皿・小鉢料理

P.97 鴨とお米のサラダ 赤ワイン風味

■材料(4人分)
- 鴨ローストしたもの(スライス) ……………… 300g
- 米 …………………… 1合
- 赤ワイン …………… 90ml
- チキンブイヨン …… 90ml
- バルサミコ酢 ……… 30ml
- 塩・胡椒 …………… 各適量
- 青ねぎ(小口切り) … 適量
- シブレット ………… 4本
- オリーブオイル …… 適量
- ビンコット ………… 適量

【鴨ロース】
- 鴨ムネ肉は、脂身に格子状に包丁目を入れ、全体に塩、胡椒をする。
- 油をしかないテフロンパンを熱し、脂身の方から入れる。焼き色が付いたら裏返す。
- 身の側にも焼き色が付いたら、オーブンに入れて中まで火を通して取り出し、休ませておく。

■作り方
1. 米は、といで赤ワインとチキンブイヨンを入れ、炊き上げる。
2. 炊き上がったら、バルサミコ酢を加え、塩、胡椒をして、よくかきまぜながら冷ます。
3. セルクル型に2を詰めて皿に抜き取り、鴨ロースを盛り、青ねぎ、シブレットを飾る。オリーブオイルとビンコットを流す。

P.96 スカモルツァチーズのステーキ 南イタリア風

■材料(4人分)
- スカモルツァチーズ(2センチ厚さスライス) … 4個
- 強力粉 ……………… 適量
- オリーブオイル …… 適量
- ドライトマト ……… 適量
- ミントの葉 ………… 適量

■作り方
1. スカモルツァチーズは、強力粉をまぶす。ドライトマトはみじん切りにしておく。
2. オリーブオイルを熱したフライパンに1のチーズを入れ、両面に焼き色が付き、中がやわらかくなるくらいに熱を入れる。
3. 器に盛り付け、1のドライトマトを添え、オリーブオイルを回しかける。ミントを飾る。

P.95 イワシのシチリア風

■材料(4人分)
- イワシ ……………… 6尾
- アーモンド(スライス) … 20g
- にんにく(みじん切り) … 1個分
- レモンの皮(すりおろし) … 1個分
- レーズン(戻したもの) … 20g
- 強力粉 ……………… 適量
- 溶き卵 ……………… 2個分
- パン粉 ……………… 適量
- 塩・胡椒 …………… 各適量
- トマトソース ……… 120g

■作り方
1. イワシは、ウロコを引いて胸ビレから頭を落とし、内臓を出し、水洗いする。
2. 1のうち4尾分は、開いて尾を残したまま背骨を切り取り、腹骨をすき取る。
3. 2で残った2尾分は、皮をひいてみじん切りにする。
4. 3のイワシは、アーモンドとレーズンを加え、にんにくとレモンの皮を加えて混ぜ、塩・胡椒で調味する。
5. 2のイワシは身側を上にして開き、4をのせて身を閉じ、強力粉、溶き卵、パン粉の順に付ける。
6. 5は170℃の揚げ油で香ばしく揚げる。
7. 皿にトマトソースを流し、6を盛り付ける。

材料と作り方 152

材料と作り方

P.101 淡路産玉葱とウニのプリン

■材料
- 海老のだし ……………… 適量
- タラの切り身 ……………… 適量
- 玉ねぎ ……………… 適量
- 塩水ウニ ……………… 170g
- 牛乳 ……………… 280g
- 砂糖 ……………… 15g
- 卵黄 ……………… 4個分
- 塩水ウニ（トッピング用） … 適量
- カラメルソース ……………… 適量

■作り方
1. ビスカイヤソースを作る。タラの切り身を焼く。
2. 玉ねぎはみじん切りにしてソテーして甘みを出す。
3. 海老のだしと1と2をミキサーでまわしてペースト状にする。
4. 3のビスカイヤソース240gに、分量のウニ、牛乳、砂糖、卵黄を合わせてミキサーで混ぜる。混ぜたら1日冷蔵庫に置いて生地の中の空気を抜く。
5. プリン容器に生地を流し、スチームモード、85℃のスチコンに30分入れる。
6. スチコンから出して冷やし、提供前にカラメルソースとウニをのせる。

【カラメルソース】
■材料
- カラメル ……………… 適量
- 醤油 ……………… 適量
- シェリー酒 ……………… 適量

■作り方
1. 材料を混ぜ合わせる。

P.100 イベリコ豚のミニハンバーガー

■材料
- ミニバンズパン ……………… 1個
- イベリコ豚挽き肉 ……………… 適量
- 玉ねぎ（みじん切り） ……………… 適量
- 全卵 ……………… 適量
- ナツメグ ……………… 適量
- 塩 ……………… 適量
- 胡椒 ……………… 適量
- 照り焼きソース ……………… 適量
- トマト（スライス） ……………… 1枚
- レタス ……………… 1切れ

■作り方
1. 玉ねぎはしんなりするまで炒める。
2. 豚挽き肉と炒めた玉ねぎ、卵、ナツメグ、塩、胡椒でパテを作る。
3. フライパンでパテを焼き、照り焼きソースをからめる。
4. スライスしたトマト、レタス、照り焼きソース味のパテをパンではさむ。

P.99 マッシュルームと生ハムのTAIYAKI

■材料
- 薄力粉 ……………… 150g
- 水 ……………… 200g
- 塩 ……………… 3g
- 重層 ……………… 6g
- マッシュルーム ……………… 適量
- 生ハム ……………… 適量
- スライスチーズ ……………… 適量

■作り方
1. 薄力粉、水、塩、重層を混ぜ合わせて生地を作る。
2. たい焼きの型に生地を流し、型に収まる大きさに切った生ハム、スライスチーズを入れてはさんで焼く。

小皿・小鉢料理

P.104 モロッコ風海老とガルバンゾの植木鉢

■材料
- じゃがいもの生地 ………… 適量
- 小海老のガーリックソテー … 1尾
- ガルバンゾのピューレ …… 適量
- ミニアスパラ ……………… 1本

■作り方
1. 容器に海老のガーリックソテーを入れる。
2. ガルバンゾのピューレを入れて、容器の上までじゃがいもの生地をおろし金で砕いたものを入れる。
3. 上にミニアスパラを刺す。

【じゃがいもの生地】
■材料
- じゃがいも ……………… 500g
- 牛乳 ……………………… 50g
- バター …………………… 30g
- 生クリーム ……………… 50g
- 卵白 ……………………… 120g
- グラニュー糖 …………… 40g
- 薄力粉 …………………… 30g
- ココア …………………… 15g

■作り方
1. じゃがいもは茹でて、牛乳、バター、生クリームと合わせてミキサーにかけてペーストにする。
2. グラニュー糖と卵白を泡立ててメレンゲにする。
3. 1と薄力粉、ココアを混ぜ、続いてメレンゲとさっくり合わせる。
4. バットに流して、150℃のオーブンで3時間ほど焼いてパリッとした生地にする。
5. おろし金で砕いて使う。

【ガルバンゾのピューレ】
■材料
- ガルバンゾ…適量
- 生ハムの骨…適量
- ねぎ…適量
- にんにく（皮付）…適量
- 人参…適量
- じゃがいも…適量
- 大根…適量

■作り方
1. 生ハムの骨、ねぎ、にんにく、人参、じゃがいも、大根を水で炊いてだしを取る。
2. 生ハムの骨のだしの上に浮いた脂は除き、水で戻したガルバンゾをやわらかくなるまで炊く。
3. 炊いたガルバンゾをミキサーにかけてピューレにする。

P.103 イクラとムース

■材料
- 黒オリーブのペースト …… 適量
- ブランダータ ……………… 適量
- イクラ ……………………… 適量
- アハーダオイル …………… 適量

■作り方
1. 容器に黒オリーブのペーストを入れる。
2. ブランダータを続いて入れる。
3. 上にイクラを飾り、アハーダオイルをかける。

【ブランダータ】
■材料
- 塩漬けタラ ………………… 適量
- にんにく …………………… 適量
- 牛乳 ………………………… 適量
- 塩 …………………………… 適量

■作り方
1. 塩漬けタラは水に浸けて戻す。
2. 戻したタラをにんにく、牛乳で炊く。
3. やわらかくなったら、バーミックスでペーストに。タラの繊維質が残るくらいにバーミックスにかけ、塩で味を調える。

【アハーダオイル】
■材料
- 玉ねぎ（ざく切り） ……… 1個分
- にんにく（つぶす） ……… 2片
- ローリエ …………………… 1枚
- ピュアオリーブオイル 400ml
- パプリカベラ（甘い方） 大さじ2
- 白ワインビネガー ……… 100ml
- 白ワイン ………………… 100ml

■作り方
1. 玉ねぎ、にんにく、ローリエ、オリーブオイルを鍋に入れて、70～80℃のオーブンで2時間以上加熱する。玉ねぎを焼くというより、玉ねぎの香りをオイルに移す。
2. 玉ねぎの香りがオイルに移ったら、パプリカベラ（燻製パプリカパウダー）を加え、焦げやすいのですぐに軽く混ぜる。続いてすぐ、白ワインビネガーと白ワインを加えて混ぜて冷ます。
3. 冷めたら布で漉す。漉した油は縦長の容器に入れる。
4. 1日置いて、細かい沈殿物が下に沈むようにし、上の油のみを使う。

P.102 フォアグラとトリュフのサンド

■材料
- パン・デ・エピス ………… 2枚
- フォアグラ ………………… 1個
- 塩 …………………………… 適量
- コニャック ………………… 適量
- ポートワイン ……………… 適量
- トリュフオイル ………… 20ml
- 塩 …………………………… 適量
- 黒胡椒 ……………………… 適量
- パートフィロー …………… 適量
- 粉糖 ………………………… 適量

■作り方
1. フォアグラは中の血管、スジを取り除く。
2. 血管を除いてバラしたフォアグラをバットに広げて、塩、コニャック、ポートワインを振って1日マリネする。
3. フォアグラ1個に対して20mlのトリュフオイルを合わせ、過熱しながら回すミキサーにかけ、40℃にセットしてペースト状にする。
4. 塩、胡椒で味を調える。
5. パン・デ・エピスをトーストする。パートフィローは粉糖をまぶしてオーブンで焼く。
6. トーストしたパンで3のフォアグラをはさみ、5のパートフィローを飾る。

材料と作り方

材料と作り方

P.107 ソフトクラブ

P.106 CAVAに溺れた牡蠣

P.105 セビッチェ

P.107 ソフトクラブ

■材料
- ソフトクラブ（冷凍） ……… 1尾
- 溶き卵 …………………… 適量
- 小麦粉 …………………… 適量
- パン粉 …………………… 適量
- ブランダータ …………… 適量
- カニ味噌 ………………… 適量

■作り方
1. ソフトクラブは解凍して半分に切る。
2. 小麦粉をまぶし、溶き卵をくぐらせ、パン粉をつけてからっと揚げる。パン粉は細かいものが合う。
3. ブランダータにカニ味噌を混ぜたものを添えて提供する。

【ブランダータ】
■材料
- 白身魚の切り身 …………… 適量
- 牛乳 ……………………… 適量
- にんにく ………………… 適量

■作り方
1. 白身魚の切り身を牛乳、にんにくと炊いてミキサーにかけてペースト状にする。

P.106 CAVAに溺れた牡蠣

■材料
- カキ（生食用） …………… 1個
- ライムピール …………… 適量
- オリーブオイル ………… 適量
- 豆苗 ……………………… 適量
- カヴァ …………………… 適量

■作り方
1. カキは開けて身を取り出し、殻に戻す。
2. 上にライムピューレを散らし、オリーブオイルをかける。豆苗を添える。
3. 客席に運び、カヴァを注ぐ。

P.105 セビッチェ

■材料
- タイの刺身 ……………… 適量
- 玉ねぎ …………………… 適量
- 赤パプリカ ……………… 適量
- 塩 ………………………… 適量
- モホベルデ ……………… 適量
- 赤玉ねぎ（スライス） …… 適量

■作り方
1. 玉ねぎは小さめのさいの目に切る。軽く塩を振る。
2. 玉ねぎと同じ大きさに赤パプリカをさいの目に切る。
3. タイの刺身はぶつ切りにする。
4. 玉ねぎ、赤パプリカ、タイの切り身、モホベルデを合わせて2～3時間マリネする。
5. 器に盛り付けて、赤玉ねぎのスライスを飾る。

【モホベルデ】
■材料
- ライムジュース ………… 150g
- フレッシュコリアンダー（葉のみ） …………………… 100g
- おろしにんにく ………… 少々
- オリーブオイル ………… 適量
- 一味唐辛子 ……………… 10g

■作り方
1. 唐辛子はライムジュースの一部でふやかしておく。
2. ライムジュース、フレッシュコリアンダーの葉、にんにくをミキサーにかける。
3. オリーブオイルを少しずつ加えながらまわし、濃度がついたら止める。

小皿・小鉢料理

P.111 大海老のマヨネーズソース 旬のフルーツ添え

P.109 タコのガルシア

P.108 ワカモレディップ

■材料
- 車エビ ……………………1尾
- イチジク …………………1/4個
- ワンタンの皮を揚げたもの　適量
- ベビーリーフ ………………適量
- マヨネーズソース ………適量

■作り方
1. 車エビは茹でてから塩水に浸し、冷ましながら殻をむく。
2. 小皿に揚げたワンタンの皮、ベビーリーフをのせ、皮をむいたイチジクをのせる。
3. 1の車エビをのせ、マヨネーズソースをかける。

【マヨネーズソース】
■材料
- マヨネーズ ……………… 250g
- ハチミツ ………………… 35g
- コンデンスミルク ……… 60g
- レモン汁 ………………… 25g
- ジン ……………………… 5g

■作り方
材料を全て混ぜ合わせる。

■材料
- 生ダコ …………………… 1尾
- お茶の葉 ………………… 適量
- 黒胡椒 …………………… 適量
- ローリエ ………………… 適量
- じゃがいも ……………… 適量
- 粗塩 ……………………… 適量
- 頃胡椒 …………………… 適量
- オリーブオイル ………… 適量
- パプリカベラ（甘い方）…… 適量

■作り方
1. 生ダコはお茶の葉、ローリエ、黒胡椒と半生に茹でる。
2. じゃがいもは塩茹でし、1cmほどの厚みに切る。
3. 1皿で足1本。タコの足をスライスする。電子レンジでほんのり温まる程度加熱する。
4. 器にじゃがいもを置いて、上に3のタコをのせ、塩、胡椒、パプリカベラ（燻製パプリカパウダー）、オリーブオイルをかける。

■材料
- アボカド …………………1/2個
- トマト …………アボカドの1/4量
- モホベルデ ……………… 適量
- 塩 ………………………… 適量
- タコスチップ …………… 適量

■作り方
1. アボカドは半分に切ってタネを取り、スプーンで果肉を取り出す。皮は容器に使う。
2. アボカドを角切りする。トマトはアボカドの大きさより少し小さめの角切りにする。
3. モホベルデで和え、塩で味を調える。
4. アボカドの皮に盛り付けて、タコスチップを刺して飾る。

【モホベルデ】
■材料
- ライムジュース …………150g
- フレッシュコリアンダー（葉のみ）
  ………………………… 100g
- おろしにんにく ………… 少々
- オリーブオイル ………… 適量
- 一味唐辛子 ……………… 10g

■作り方
4. 唐辛子はライムジュースの一部でふやかしておく。
5. ライムジュース、フレッシュコリアンダーの葉、にんにくをミキサーにかける。
6. オリーブオイルを少しずつ加えながらまわし、濃度がついたら止める。

材料と作り方　156

材料と作り方

P.114 鰹の炙り パクチーサラダ添え

■材料
- カツオ ……………… 適量
- パクチー …………… 適量
- 老虎菜のソース …… 適量
- ディル ……………… 適量

■作り方
1. カツオは炙ってから冷やしておく。
2. パクチーを食べやすい大きさに切って、老虎菜のソースで和える。
4. 炙ったカツオ、パクチーサラダを皿に盛り、ディルを飾る。

【老虎菜のソース】
■材料
- 山椒油 ……………… 240g
- 酢 …………………… 900g
- レモン汁 …………… 45g
- 塩 …………………… 50g
- 砂糖 ………………… 50g
- 黒胡椒 ……………… 15g
- 白胡椒 ……………… 15g

■作り方
1. 材料を全てよく混ぜ合わせる。

P.113 フルーツトマトの桂花陳酒漬け

■材料
- フルーツトマト …… 10個
- チャービル ………… 適量
- 桂花陳酒シロップ … 適量

■作り方
1. フルーツトマトは底のほうに包丁で切れ目を入れて湯煎する。切れ目のところから皮をむいて皮を上げる。
2. 桂花陳酒のシロップに漬けて、容器ごと5分蒸してから冷やす。
3. 器に盛って、チャービル飾る。

【桂花陳酒のシロップ】
■材料
- 桂花陳酒 …………… 100ml
- 湯 …………………… 100ml
- グラニュー糖 ……… 40g
- ハチミツ …………… 30g

■作り方
1. 材料を合わせて、砂糖、ハチミツを溶かしてから冷ます。

P.112 ピータン豆腐 カクテル仕立て山椒ソース

■材料
- 豆腐 ………………… 半丁
- ピータン …………… 1個
- トマト ……………… 適量
- キュウリ甘酢漬け … 適量
- ザーサイ …………… 適量
- パクチー …………… 適量
- ガリ ………………… 適量
- 山椒ソース ………… 適量

■作り方
1. 豆腐は角切りにする。
2. ピータン、ザーサイ、キュウリ甘酢漬け、トマト、ガリはさいの目に切る。
3. 器に豆腐を盛り、上にさいの目に切った2を盛り、山椒ソースをかける。パクチーを飾る。

【山椒ソース】
■材料
- 青ねぎ ……………… 50g
- 生姜（すりおろし）… 30g
- 醤油 ………………… 135g
- 砂糖 ………………… 35g
- 酢 …………………… 65g
- ごま油 ……………… 5g
- 山椒粉 ……………… 3g

■作り方
1. 材料を全てよく混ぜ合わせる。

小皿・小鉢料理

P.117 牡丹海老とホタテの老酒漬け

■材料
　ボタン海老 ………………… 適量
　ホタテ貝柱（生食用）……… 適量
　姫人参 ……………………… 適量
　老酒ダレ …………………… 適量
　酢橘 ………………………… 適量

作り方
1　ボタン海老は殻をはずす。
2　姫人参は軽く塩でもんでから水で洗う。
3　ボタン海老、ホタテ貝柱、姫人参を老酒ダレに1日浸ける。
5　器に盛り付け、酢橘を添える。

【老酒ダレ】
■材料
　老酒 ………………………… 250g
　醤油 ………………………… 400g
　砂糖 ………………………… 45g
　おろし生にんにく ………… 3g
　おろし生姜 ………………… 3g
　山椒粉 ……………………… 3g
　大葉 ………………………… 3g

■作り方
1　材料を全てよく混ぜ合わせる。

P.116 クラゲの頭の葱ソース和え

■材料
　キャノンボールジェリー（クラゲの頭）………………………… 適量
　ねぎソース ………………… 適量
　オクラ ……………………… 適量
　塩 …………………………… 適量
　パクチー …………………… 適量

■作り方
1　クラゲは茹でてから半日流水に浸ける。
2　クラゲの水気を切って、軽く塩をする。
3　オクラは茹でて小口切りにする。
4　オクラとクラゲをねぎソースで和えて器に盛り、パクチーを飾る。

【ねぎソース】
■材料
　白ねぎ（みじん切り）…… 100g
　生姜（みじん切り）……… 10g
　塩 …………………………… 5g
　コンソメ …………………… 5g
　ピーナッツオイル ………… 適量

■作り方
1　白ねぎ、生姜のみじん切りを鍋に合わせる。
2　熱したピーナッツオイルを1の上にかけて、そのまま冷ます。
4　冷めたら塩とコンソメで味付けする。

P.115 ココナッツ風味のカボチャのムースの中華風フリット

■材料
　カボチャのムース ………… 適量
　ムースの衣 ………………… 適量
　ココナッツファイン ……… 100g
　パン粉 ……………………… 125g
　チャービル ………………… 適量

■作り方
1　冷やし固めたカボチャのムースを一口大に四角く切る。
2　衣をつけて揚げる。
3　ココナッツファインとパン粉はフライパンで軽く炒める。炒めたら揚げたムースにまぶす。
4　器に盛り付け、チャービルを飾る。

【ムースの衣】
■材料
　揚げニンニク（砕く）……… 20g
　唐辛子粉 …………………… 7g
　ゴマ ………………………… 10g
　塩 …………………………… 8g
　グラニュー糖 ……………… 20g

■作り方
1　材料をよく混ぜ合わせる。

【カボチャのムース】
■材料
　カボチャの裏ごし ………… 200g
　バター ……………………… 70g
　豆乳 ………………………… 350g
　ココナッツミルク ………… 400ml
　砂糖 ………………………… 80g
　コーンスターチ …………… 70g

■作り方
1　裏ごししたカボチャに生クリーム、豆乳、ココナッツミルク、砂糖、バターを合わせて火にかける。
2　沸いたらコーンスターチを加えてよく混ぜ、火からおろして粗熱が取れたらバットに流して冷蔵庫で冷やし固める。

材料と作り方　158

材料と作り方

P.120 よだれ鶏 上海風黒酢ソース

■材料
骨付き鶏モモ肉 …………1本
塩 ……………………… 適量
黒酢ソース ……………… 適量
パクチー 適量
クコの実 ………………… 適量
ピーナッツ ……………… 適量
カシューナッツ ………… 適量

■作り方
1 骨付き鶏モモ肉は低温で30分蒸す。蒸したら冷やす。
2 冷えたら骨をはずし、塩水に浸ける。
3 食べやすい大きさに切り、器り盛り付け、黒酢ソースをかける。
4 砕いたピーナッツとカシューナッツを散らし、クコの実、パクチーを飾る。

【黒酢ソース】
■材料
砂糖 ………………………… 10g
四川唐辛子 ………………… 10g
湯 ………………………… 250ml
醤油 ………………………… 90ml
中国たまり ……………… 240ml
黒酢 ……………………… 180ml
ラー油 …………………… 225ml
ごま油 …………………… 75ml
山椒油 …………………… 75ml

■作り方
1 湯に砂糖をとかしたら、残る全ての材料をよく混ぜ合わせる。

P.119 白子の冷製 翡翠ソース

■材料
白子 ……………………… 適量
ベビーリーフ …………… 適量
翡翠ソース ……………… 適量

■作り方
1 白子はひと口大に切る。熱湯に30秒ほどくぐらせて氷水に取る。
2 器に翡翠ソースを流し、その上に白子をのせて、ベビーリーフを飾る。

【翡翠ソース】
■材料
青ねぎ …………………… 1束
おろし生姜 ……………… 15g
オリーブオイル ………… 150g
ごま油 …………………… 12g
醤油 ……………………… 65g
水 ………………………… 75g
酢 ………………………… 12g
砂糖 ……………………… 20g
塩 ………………………… 2g
ナンプラー ……………… 10g
胡椒 ……………………… 2g

■作り方
1 材料を合わせてフードプロセッサーにかけ、青ねぎがペースト状になるまでしっかりまわす。

P.118 蝦夷鮑の 香味醤油煮冷製

■材料
蝦夷アワビ ……………… 適量
大葉 ……………………… 適量
大根の剣 ………………… 適量
歯水 ……………………… 適量

■作り方
1 アワビは下処理をして殻付きのまま滷水に入れて8分ほど蒸す。
2 火からおろし、タレに漬けたまま冷まし、冷蔵庫で1日冷やす。
3 アワビを3つに切り、大葉、大根の剣とともに盛り付ける。

【滷水】
■材料
醤油 ……………………… 100g
水 ………………………… 100g
紹興酒 …………………… 50g
グラニュー糖 …………… 60g
八角 ……………………… 2g
粒山椒 …………………… 5粒
白ねぎ …………………… 20g
おろし生姜 ……………… 20g
カツオ節 ………………… 2g

■作り方
1 材料を合わせて火にかける。
2 砂糖がしっかり溶けたら冷ましてから使う。

小鉢・小皿の
人 気 料 理

発行日　　平成 30 年 12 月 28 日　初版発行

編　者　　旭屋出版書籍部編
制作人　　永瀬　正人
発行人　　早嶋　茂
発行所　　株式会社 旭屋出版
　　　　　〒 107-0052
　　　　　東京都港区赤坂 1-7-19 キャピタル赤坂ビル 8 階
　　　　　郵便振替 00150-1-19572

　　　　　電話　　03-3560-9065（販売）
　　　　　　　　　03-3560-9066（編集）
　　　　　FAX　　03-3560-9071
旭屋出版ホームページ　http://www.asahiya-jp.com

編　集　　井上久尚／森正吾
デザイン　株式会社スタジオゲット
撮　影　　吉田和行／東谷幸一／後藤弘行（旭屋出版）

印刷・製本　株式会社シナノ

※許可なく転載、複写ならび web 上での使用を禁じます。
※落丁本、乱丁本はお取替えします。
※定価はカバーにあります。

ⓒ ASAHIYA SHUPPAN,2018 Printed in Japan
ISBN978-4-7511-1364-6　C2077